理财
不用懂太多

那一水的鱼◎著

你的一个决定，
等于人生一半的努力

中国经济出版社
CHINA ECONOMIC PUBLISHING HOUSE
北 京

图书在版编目（CIP）数据

理财不用懂太多 / 那一水的鱼著 .
北京：中国经济出版社，2016. 5（2021. 1 重印）
ISBN 978 - 7 - 5136 - 4235 - 4
Ⅰ. ①理… Ⅱ. ①那… Ⅲ. ①私人投资—通俗读物 Ⅳ. ①F830. 59 - 49
中国版本图书馆 CIP 数据核字（2016）第 090343 号

责任编辑　燕丽丽
责任审读　贺　静
责任印制　巢新强
封面设计　任燕飞

出版发行　中国经济出版社
印 刷 者　北京科信印刷有限公司
经 销 者　各地新华书店
开　　本　710mm × 1000mm　1/16
印　　张　17. 75
字　　数　230 千字
版　　次　2016 年 5 月第 1 版
印　　次　2021 年 1 月第 8 次
定　　价　48. 00 元
广告经营许可证　京西工商广字第 8179 号

中国经济出版社　**网址** www. economyph. com　**社址** 北京市东城区安定门外大街 58 号　**邮编** 100011
本版图书如存在印装质量问题，请与本社销售中心联系调换（联系电话：010 - 57512564）

前言

古时男耕田女织布，一个家庭几乎包揽了能做的大部分事。随着人类的进步，社会分工越来越细，也因此形成了各种不同的职业。如果我们生病了，没关系，交给医生吧，遵医嘱就行；如果我们想吃肉了，也不必事先在客厅里养一头猪，只要记得在菜市场付钱就行。惯性推理，理财这种事不是应该交给专业的理财师、理财经理吗？

财富规划的最终决定，都是我们自己做出的，别人无法代劳。这就如无法请一名时间规划师，告诉你今天该干什么，明天该干什么。实际上，普通人能接触到的大多数理财建议，都是依附在某一款理财产品上的。坐在你对面的理财经理，他的最终目的是完成销售任务。

我们在购买一款洗衣机时，还会关心它的品牌、性能，并且反复比较价格。但大多数人却不愿在投资理财上多花时间——“摸着石头过河”“先买再看”，或者看见朋友赚到钱，就直接跟投了。殊不知，这种赚钱效应（引发跟风潮）在股市泡沫、庞氏骗局中，都会阶段性存在，但其结局往往是先甜后苦，苦不堪言！

不同于语文、数学一类基础学科，我们在学校里很少接触到财富规划的知识，所以大家都还匍匐在起跑线上。我们知道“木桶效应”，最短的一块木板决定了蓄水量。幸运的是，在财富规划上我们并不需要成为金融专家，无须理会一大堆复杂的金融函数和变量。首先，拾起这本书，说明你有认真规划财富的意识，你已经赢在了起跑线上（还有90%的人仍然匍匐在那）。其次，投资理财无须贪大求全，前20%的知识（前提是要正确）决定了80%的效果。

不要傻傻埋头干活，记得让钱去给你“推磨”，我们只需掌握一些核心的投资理财知识，便能省下人生一半的努力。简单、管用，这也是本书努力的方向！

本书分作四大板块。第一部分（第一至七章）集中讲述了财富规划理念，它是财富价值观的一部分。第二（第八至十章）、第三（第十一至十九章）部分则分别讲述短期、长期的资金规划。如此修炼，行走江湖已不在话下。为了防止“走火入魔”，这里还特地准备了第四部分（第二十章）作为结尾。“人在江湖飘，难免不挨刀”，许多人奋斗一生的财富，一不留神都搭了进去。第四部分非常重要，它不是锦囊妙计，不要等山穷水尽再拆开来看——更像是防毒指南吧，记得客栈的包子多用银针试试。

2016年2月12日

于星城长沙

理财不用懂太多

目录

目录

目录

目录

理财不用懂太多

目 录

理财不用懂太多

目录

第一章

你的一个决定，
等于人生一半的努力

选择比努力更重要

为了考上好大学，我们曾非常努力学习。小伙伴们在外嬉戏，我们却默默地伏窗苦读。父母和老师教导我们，必须考上好的学校，将来才能找到好的工作。进入社会后，我们继续努力。隐忍坚持，加班加点，只为得到领导的赏识，早日升职加薪；创业打拼，四处奔走，笑脸迎人，个中艰辛只有我们自己知道。

30 岁前，我们已经被社会划为三六九等。然而我们是否想过，今天的成就是因为埋头苦干，还是因为做对了几个关键的选择？你周边是否有类似的朋友？他们工作非常努力，下班后总是最后一个离开公司，但每逢升职加薪，机会总是别人的，最大的奖赏只是领导的安慰。

“选择比努力更重要”，这句话不知原始出处，但似乎很早以前就听说了。以前我所在的地产集团公司，董事长就经常说起这句话——南京某地块拿地价格贵了，整个集团公司当年一半的利润打了水漂，几千号人辛辛苦苦努力一整年，尚抵不过这一次的选择。老师叮嘱我们要努力学习，老板叮嘱我们要努力工作。但是努力的背后，最终结局并不一定像童话故事那样美好，它更依赖于面对关键点，我们是如何思考、怎样选择的。

这个道理同样适用于“怎样对待财富”这个问题。对普通工薪阶层来说，不需要很深的专业财经知识，只需将财富安放在合适的位置，即可使人生财富增加一倍以上。换言之，**对待财富的态度以及理财方式的选择，可以帮助你省下人生一半的奋斗时间**。而对于中高收入人群来说，这方面的认知则更为重要。

经常听财经新闻说 GDP 要“保 7”，为何是 7？这是因为在年化 7.2% 的增长率之下，财富每 10 年就能翻一番。普通人如果具备初级理财常识，保持理性的头脑，达到 7.2% 的增长速度并不难。请相信我，理财其实不需要花费大量的精力，并不是拿着高学历的基金经理才能干的活。**前 20% 的投资理财知识，决定了我们 80% 的投资回报率**——因为人类学习某一项技能的回报是边际递减的。如士兵练习打靶，只要求击中靶标，几堂练习课下来就能做到。但如果要求 9 环、10 环的成绩，并且保持成绩的稳定性，那么非得经过常年累月的刻苦练习才行（想想奥运会的运动员）。

如果要达到 10% 以上的长期复合回报率，那么就需要花费更多的时间在财富管理上；而 20% 以上的长期复合回报率已经是大师级的水平。请注意，我这里说的是长期复合回报率，这个“长期”至少是 10 年以上级别。时间越长，“运气”成分的干扰也就越弱[①]。

我们来看几组不同长期复合回报率下，财富的最终结果：

表 1－1　不同长期复合回报率下财富的增值情况

序号	初始资金（万元）	复合回报率	10 年后资金（万元）	40 年后资金（万元）	情景
1	10	2%	12.19	22.08	未经认真打理的财富
2	10	7.2%	20.04	161.36	普通人稍经规划后的财富
3	10	15%	40.46	2678.64	花费较多精力打理后的财富
4	10	26%	100.86	103471.75	大师级的投资收益率

第 1 档和第 2 档的结果，在 10 年后就已经拉开明显的差距。而 40 年后，第 2 档已经是第 1 档的 8 倍。所以请不要丝毫怀疑，“并不需要很深的专业财经知识，只需稍稍规划并将财富安放在合适的位置，就可以帮你省下人生一半的奋斗时间。”

请记住，“选择比努力更重要”！我们一生有 7 次重大的选择机会，第一次因为太早抓不住，最后一次因为太晚起不到作用，中间还剩 5

① 本书中说的投资回报，不是在股市里抓了几个涨停板。如果谁真有这项技能，他很快就能成为世界首富。

次。然而这些机会来临时，你可能还未意识到这是机会，它就已经悄悄溜走了。唯独“如何对待财富”这个关键问题，在你一生中的大部分时候，你都可以及时醒悟并抓住它！

【小贴士】

根据2015年世界卫生组织的最新报告，中国人的平均寿命：男性为74岁，女性为77岁。即使从30岁才开始认真考虑财富管理的问题，我们依然有将近40年的时间来规划财富。

人生的财富蓄水池

在财富管理上，我们无须掌握很高深的数学知识。你还记得如何用微积分求一个奇形怪状物体的阴影面积吗？我早忘光了。但小学时的一道数学题，我记忆犹新：一个蓄水池，进水管3个小时可将蓄水池蓄满，排水管5个小时可将蓄水池的水排干。好的，问题来了——进水管和排水管同开，多长时间可将蓄水池蓄满？

财富之于人生，就像这道小学算术题。

每个人生下来后，无法自行创造财富，却需要不断支出财富，如奶粉钱、尿布钱、医药费等。这时是父母往蓄水池里注水，我们的财富蓄水池才不会干涸。之后我们慢慢长大，幼儿园、小学、中学、大学，等等，我们继续消耗着财富，但却很少创造财富。前面这二十多年，我们无法自己往蓄水池里注水，我们必须依靠父母的支持。**但是，这并不代表在这期间我们无所作为，恰恰这段时间是最重要的时期之一，它筑成了人生剩余六七十年的财富基石**（这个基石来自最广泛的人生价值观，并不只是考一个好成绩）。

蓄水池不断往外排水，因为我们需要穿衣吃饭，这将消耗掉一些财富。进水管那头，我们依赖父母的支持。在这期间，你能够赚取多少财富并不重要，重要的是先把蓄水池打造好。否则你会发现，你的财富都从底部渗漏了。

在完成了所有学业之后，我们开始打造自己的进水管。从这时开始一直到30岁左右，是我们人生的一个黄金时期。刚迈向社会时，我们的收入水平可能差不多（有富爸爸的除外）。但到30岁左右，人与人的差距就会拉得很大，后面四五十年的框架也逐渐形成。30岁可能是许多人最不愿意参加同学聚会的年龄，因为落差感太大而怀旧感不足。30岁，最重要的不是混到什么职位，拿到多少年薪，而是这期间形成了我们人生主要的价值观。

或许你要说，桑德斯上校不是60多岁才开始创业，然后才有了肯德基吗？是的，上校在经历了一千多次失败以后，最终才创立肯德基品牌，这是一个关于“只要努力必将成功”的励志故事。但肯德基的故事还有续集——上校后来以200万美元的价格把肯德基卖掉了，自己没有留下一毛钱股份，也没有留下一毛钱股份给子孙后代。所以你今天看到的遍布全球、价值数百亿美元的肯德基，与我们的上校同学没什么关系①。当时买入肯德基的投资人，7年后又以2.75亿美元将其卖掉②，这是一个关于“选择”的励志故事。

如果你已经30岁左右，但在财富管理方面还没什么概念——那也没关系，还来得及，继续阅读本书你将有所收获。

30岁前，尽管我们已经开始创造财富，但通常大多数人还是面临“进水管小，出水管大”的矛盾。除了日常生活外，谈恋爱、结婚、买车、买房装修等都需要大量开支——特别是买房这一项！先买房再结婚，这几乎快要成为中国人的传统。其实古时候我们也是这样，有了钱

① 只有商标还保持着上校的头像。

② 当然这位仁兄也卖早了。

就买田置地。30 岁前，大部分人面对这些开支仍然需要父母给予支持。

30 岁后，我们逐渐开始承担起家庭的担子，我们娶妻（嫁人）生子，也开始往下一代的蓄水池里注水。30 岁至退休，是我们人生最主要的积蓄期，我们的进水管会大于出水管，**这期间也是实践财富管理最重要的时期**——前 30 年打下的只是基石，后 30 年才真正开始建房子！

从 30 岁到 60 多岁，选择将财富安放在不同的地方，会导致最终结果的天壤之别（还记得前面复利的例子吗?）。即使只是很简单的基础性选择，也会使最终的结果相差 2 ~ 10 倍。对于我们而言，这又将上演一幕幕“努力”和“选择”的励志故事——一些人通过财富管理让蓄水池里的财富越滚越多，而另一些人蓄水池的池底在不停漏水。当然更普遍的情况是，大多数人没怎么打理自己的蓄水池，最终里面的水被晒干了——被通货膨胀慢慢蒸发掉了。

接着，下一代开始走我们走过的“财富蓄水池之路”。实际上，我们的蓄水池和上一代、下一代是贯通在一起的。早在自己的进水管太小时，我们就在上一代的蓄水池里取水；而同样的，我们也需要往下一代的蓄水池里注水。上中下三代人，不管哪一个蓄水池不好用，都会使我们面临经济问题，如子女得不到良好的教育等。此外，“退休”是我们每一个人都需要提前思考的问题。如果在退休之前不能将蓄水池里蓄满足够的水（光靠养老保险只能保障最基本生活），那么当我们年老时不得不从下一代的蓄水池里取水。但这还不算最要命的，**最要命的是我们对待财富的态度还将传播给下一代，他们在我们的一言一行中学习这些价值观**——学校可不会教这些知识。

民谚有云：“富不过三代”；但一个更严峻的事实是，一个家族有时默默地穷上十几代。这是偶然现象吗?

【思考】

60 岁以后，你靠什么退休？几十年后的养老保险会怎样，能维持你现在的消费水平吗？养儿防老，到时候会不会看儿孙脸色？

或者你可以现在开始就积累财富，达到财务自由，提前进入“准退休”状态？

三种财富运算，不同人的努力方向

往蓄水池里注水（财富收入），有三种方法：用手，用脑，用钱。一般来说，脑力劳动获取的收入高于体力劳动，几乎所有的家长都希望孩子努力学习课本知识。但是，考试高分并不代表能力高，更不代表收入高。我们在课本上学到的知识只是大千世界中的一部分，而许多能力是从生活实践中来的，如领导和组织能力，又如某些为人处世的个性（如愿意承担风险）等。

虽然收入存在差异，但不论体力劳动还是脑力劳动，都属于“挣钱”。通常我们将“挣钱”和“赚钱”两个词混在一起说，好像没什么区别，实则不然。挣钱有个提手旁，不管用脑还是用手，我们实际都是出售了劳动力（时间）。而赚钱有个贝字旁，我们需要拿出钱（资本）做本金才能赚回更多的钱。

有时并不能将挣钱和赚钱完全分开，如某个体工商户投入了商铺门面的租金、装修等（资本金），开了一个小卖部，然后自己一家人辛勤劳作获取销售收入。这其中既有“挣钱”的部分也有“赚钱”（当然也可能赔钱）的部分，但通常在计算时，人们不会将两者区分开。如果个体老板学会给自己开工资，那么许多人会发现，他们的资本投入并没有多少资本回报，仅仅只是为自己创造了一个工作岗位罢了，特别是门槛低的、人人都能干的、无差异化的小生意。

那么，我们在往蓄水池里注入财富时，挣钱和赚钱谁更重要？考虑到这是一本关于财富管理的书，估计不少同学会认为“钱生钱”最重要。是这样吗?

当然不是!

这么来说吧,**“挣”钱是在做加法,消费支出是做减法,而“赚”钱则是做指数运算**。大部分人的财富,同时在做着以上运算。对于不同收入阶层的人来说,其重要程度也不尽相同。

【努力的方向】

低收入人群需要努力做加法;中高收入的月光族需要控制减法;只有高储蓄率①人群管理财富(指数运算)时效果才比较明显。我们经常说不要埋头苦干拿死工资,要学会钱生钱——但是财富管理的前提是,你在开支之后能剩得下“钱”,才能拿去钱生钱。

蓄水池财富公式

先来看加减法:

假设挣到的金钱为X,消费支出为Y。类似于进水管3小时灌满水、排水管5小时排完水的简易数学题就呈现在我们面前。

小李在一家民营企业从事设计工作,他的平均月收入为6000元,平均月开支为4000元,那么每个月的平均节余为:X-Y=2000元。同样也意味着,小李每工作4个月(收入2.4万元),可以满足6个月(支出2.4万元)的生活需要。

瞧,收入与支出的关系就是这么简单,它就是加减法而已!假设小李对2000元的月储蓄额不满意,因为这让他感到不安,单位效益并不是很好,万一被动离职,或是生个病什么的,蓄水池的水源就会变得很

① 我们将“结余占收入的比重”称作储蓄率,比如月收入1万元,月支出6千元,储蓄率即为40%。

紧张。

在短期内，小李可以在这个加减法上做出两种调整：

（1）找一份额外的兼职，或者多参与公司的攻关项目（加班）。可以将月收入从6000元提高至8000元左右。

（2）节衣缩食，尽量减少开支，将之前的4000元开支减少至2000元。

第一种方法和第二种方法，均需要小李牺牲一定的生活品质，两者均可使月储蓄额从2000元提高至4000元。

将时间稍微拉长来看，在加减法上小李还有另一种方法：

（3）将更多精力放在事业上，以获得升职加薪的机会。专员、经理、高级经理、总监，职级不同，在收入水平上的差距也是非常大的。假设经过努力，小李升职为设计总监，月收入25000元，此时，即使小李的月支出提升为10000元，仍能获得15000元的月储蓄额。

再来看指数运算：

假设本金为P，投资回报率为r，投资时间为t，那么，将储蓄运用于投资，是这样向蓄水池灌水的

$$P \times (1 + r)^t$$

（4）小李将月储蓄额2000元全部用于投资，主要投资项目是低风险低收益的银行存款、货币基金和国债，年化复合收益率约为3%。那么10年后这2000元变为

$$2000 \times (1 + 3\%)^{10} = 2687.8 \text{ 元}$$

（5）假设小李的投资能力较强，将这2000元投资于高风险高收益股票市场，并能获得15%的年化复合收益率，那么十年后这2000元变为：

$$2000 \times (1 + 15\%)^{10} = 8091.1 \text{ 元}$$

（6）仍然假设小李能获得15%的年化复合收益，但是两年后小李

就得用一笔钱买房。像这种情况，2000 元在两年后会变为多少呢？

$$2000\times(1+15\%)^2=2645\text{ 元}$$

（7）假设老李（小李他爹）的投资能力较弱，但仍然坚持投入高风险的股票市场，并取得了 -15%（每年亏 15%）的年化复合收益率。假设老李将 200 万养老金（前 30 年辛苦积蓄）投入其中，这笔钱十年后会怎样呢？

$$200\text{ 万}\times(1-15\%)^{10}=39.37\text{ 万元}$$

蓄水池公式的财富启示

启示一：第（1）项的方法，是增加了劳动时间，但单位时间的劳动报酬其实没有变化。由于一天只有 24 个小时，所以这种方法总有极限，而且高强度的劳动也牺牲了生活品质。第（3）项的方法，是增加劳动报酬率，即在不增加劳动时间的基础上获得更多的报酬，但这种方法不是短期内就能实现的，它需要能力和经历的积累。

启示二：第（2）项的方法，是苦行僧的方法，但这个方法并不总能奏效。对于收入偏低的阶层来说，生活中的必要性开支占比很大，继续缩减开支不仅见不到效果，反而大幅降低生活质量。只有奢侈性消费占比较高、无节制消费的中高收入“月光族”，才需要认真审视自己的消费结构。此时如果节约开支，效果会比较好。

启示三：第（3）项的方法，特别适合 30 岁以前在职场奋斗的“小鲜肉”。特别需要注意的是，一旦职级上升，我们又能够在新的层级上接受锻炼，从而向更高的层级发起挑战。这些历练帮助我们成长，且提高了劳动报酬率。一般情况下，这种劳动报酬率很少会倒退。所以 30 岁升到总监的职位，和 40 岁才达成这一目标，两者会有巨大差距。

对于创业人士来说，早期的历练同样会带给我们经验教训，促使我们成长。年轻时我们的犯错成本很低，大不了重新来过。因为年轻，财富积累少，即使有损失也不会很多。趁年轻抓紧历练自己，否则等老年时再来买教训，成本很高，会赔上前面10年、20年的财富积累。

启示四：收入与支出的加减法，它的运算结果构成了投资项中指数运算的“本金”。如果我们把收入都消费光了，或者剩余很小的一个数字，那么即使投资获利能力再强也是枉然。**记住储蓄！储蓄！储蓄！它是“钱生钱”的第一步。**

启示五：从第（4）（5）项可以看出，投资能力构成了指数运算的“底数”。投资能力越强，这个“底”也就越大，最终的运算结果也越大。

启示六：从第（5）（6）项可以看出，时间构成了指数运算的“指数”。在投资能获得正回报的前提下，随着“指数”的增大（时间推移），最终的运算结果也越大。

启示七：需要注意，指数运算中的“指数”不可能无限增大，因为我们的寿命是有限的。对于某些复合年化收益率超过20%（26%）的世界级投资大师来说，大约10年财富就会增长10倍。其80岁所建立的财富帝国，60岁以前取得的部分只占1%。如果其能活到100岁，且仍然能取得复合年化超过20%的收益率，那么目前的财富帝国还将扩大100倍。

启示八：由第（7）项可以看出，越晚学习投资理财，学费也越贵。这个学费不是买一本投资书或听一堂培训费的成本，而是在投资路上的犯错成本。老李用了10年的时间，已经挥霍了前20年的积蓄，并且物质生活水平没有得到任何提高（精神生活想必也不怎样）。

【奋斗的方向】

试着把自己的情况代入上面的例子中，甚至有必要一条条写在纸上，想一想究竟如何改善我们的财富蓄水池？

你正走在怎样的财富路上？

我们在学校学习了语文、数学、历史、物理等各门学科，遗憾的是关于财富管理的课程寥寥无几。因此许多人并不知道该怎样去做，也不知道自己正在干什么。

有人辛勤努力，却活得像老黄牛一样，他们只知道增加自己的劳动时间，认为多耕一块地就多一份收入，但几乎从没有想过怎样去提高劳动报酬率。

有人极尽节俭，甚至让我想起莫泊桑小说《项链》后半段的情景。他们顾虑着扎紧排水管的同时，也没有精力去照看进水管，更谈不上做指数运算了。

也还有人忙着倒腾指数运算，花费了大量的时间研究投资，却忘了蓄水池里根本没什么水（不要忘记查验一下进水管、排水管），面临着“有心理财，却少财可理”的状态。

接下来，让我们一起畅游财富管理之路。这是一本有趣的、睿智的书。为什么大多数人都明白“通货膨胀”，却仍然愿意把钱存在银行？为何房屋的租金回报寥寥无几，房价还是“嗖嗖”上涨？为何说购买黄金不叫投资，并且跟“抗通胀”没太大关系？

跟上我的脚步吧，任何时候都不晚！

第二章

货币其实不是财富？

有“钱”是“有钱”吗?

我们平常说一个人“有钱”，指的是他（她）拥有很多财富。但现代社会中，富人的大部分财富并不以“钱”的形式存在。**如果你喜欢把“钱”紧紧抓在手里，财富反而会离你而去，就像手心捧起的水一样。**

要理解这一点，我们首先要拓宽思维，修正一点点价值观。

“钱”这个东西，或者称之为货币，并非始而有之。起初我们的祖先并不使用货币，比如某位猎人兄弟（原始人 A）吃兔肉吃腻了，想吃条鱼，那么这位老兄得跑遍整个市场，并找到一位恰好吃鱼吃腻了的渔民 B。如果这位渔民老兄不喜欢吃野兔，那就“大件事”了。猎人 A 问道，“渔民老弟，兔子肉汁多嫩滑，为何不试试看?”渔民 B 回道，“我现在不缺吃，你看看我冷得发抖，我只想要一件兽皮保暖。”猎人说道，“那怎么办? 我只会设陷阱抓小动物，捕获大野兽可不是我的强项。我只有一件兽皮，给了你以后我自己也没法保暖了。”于是两位老哥不得不开始寻找有多余兽皮又想吃兔子肉的人。

一天一天过去了，渔民家的鱼吃不完，渐渐腐臭了。渔民心想，鱼这东西真不好保存，要是它不会腐臭该多好。猎人那头呢，心想真是死脑筋，反正你家的鱼最后也是腐臭了，干嘛不跟我换只兔子试试新口味?

终于有一天，二人总算找到了喜欢吃兔子肉，又有兽皮愿意出售的原始人 C。可是一见到兔子，C 又不乐意了——“我拼死拼活深入树林，冒了多少危险才得来的兽皮，一只小兔子就把我打发了?”

渔民 B 纳闷道，“要不我多拿几条鱼，多换几只兔子，再跟你换兽皮?”

C 答道，“我一下子吃不了那么多兔子，拿着没用啊。不过我的弓箭用久了不好使，如果你想办法再多搞一把弓箭给我，我就把兽皮给你。”

“什么?!”渔民B简直不敢相信自己的耳朵，难道还得找一个愿意吃鱼或兔子，手头上恰好又有多余弓箭的人吗?

……

人类是聪明的，聪明就聪明在善于利用工具。比如用手抓鱼不方便且效率低，便学会了使用钓竿和渔网。虽然制造钓竿、渔网这些东西需要花费精力，但捕鱼的效率大大提高了。上面这个“物物交换”的例子也不方便且效率低，因此人们开始使用货币这个工具来解决这些问题。一开始货币是贝壳，后来是金属，再后来是纸币，甚至只是计算机里的一串数字。

其实货币是一种工具，关于财富的工具。这个工具有五种主要功能，分别是流通手段、价值尺度、贮藏手段、支付手段和世界货币。

(1) 流通手段。渔民B为了得到一件兽皮，再也不用搭理老来烦他的兔子哥A了。渔民B将鱼换成货币，再用货币去换兽皮就行。渔民B披上兽皮，不禁感慨，再也不用冷嗖嗖地流鼻涕了。

(2) 价值尺度。兽皮C之前觉得自己的兽皮不只值一只兔子，因而交易难以完成。货币将这个问题化整为零、聚零为整。

(3) 贮藏手段。渔民B望着即将腐臭的鱼，再也不用发愁要不要把它们晒成鱼干了，直接兑换成货币并贮藏起来即可。不论是哪个阶段的货币，贝壳、金属、纸币等都具有容易贮藏的特点。

除此之外，货币还具有支付手段（如借贷关系）和世界货币（国际贸易）的功能。对于我们现代人来说，需要明白货币是一种财富工具，它帮助我们完成交易，并且可以作为财富贮藏的手段。**但货币并不等于全部的财富，富人的财富多以股权、债权，甚至房产等实物的形式存在。**货币甚至还帮助我们将不同形式的财富进行转换，但货币终究只是财富工具。

财富以不同的资产方式存在，货币只是其中一种（财富工具）。如果你的财富绝大部分以货币的形式存在，就可能会错过很多财富增值的机会。合理管理财富，第一步就是不能把“钱”（货币）看得太重。更何况货币还会贬值，还记得曾经的“万元户”吗？

【似曾相识？】

曾多次接触类似的新闻，某老太将数万元人民币埋在床底下，或藏在墙缝里，结果被老鼠啃光了（或发霉潮烂了），最后在银行职员的帮助下总算拼回了几千元，得以兑换。这难道不是把“钱”抓得太紧，财富反而溜走？

曾经的万元户

“万元户”这个词语，在我小时候非常流行，那是一个令人羡慕的头衔。父辈们回忆起那个年代（1980 年代初期）说，一个月工资只有三十几元（还算比较高的），加一个通宵晚班只有三毛钱。

渐渐地，“万元户”似乎不是什么稀罕玩意儿，要当也要当百万富翁嘛！不知多少人曾想过，100 万元可以买好多好多东西啊，要是中了 500 万彩票这辈子都不用干活了。

而现在，城市里随便一套房子就是几十上百万，一线城市房产上千万也不稀奇。“百万富翁”这个数量级，还仅仅只是“居有其所”的初级生活水平而已。

这是为什么？

货币在使用过程中，经历了很多阶段。在货币采用金银铜等金属的年代，只要货币的金属成色没被稀释①，通胀的情况很少发生。当然

① 古时的统治阶级为了“筹款”，也常稀释金属货币。如减少货币中金、银等贵金属含量，以普通的铜、铁代替。古罗马就曾经大肆稀释金属货币，造成恶性通胀，国家也逐渐衰亡。

这并非出自金属本身的保值功能[①]，而是由于当时的开采生产条件，限制了每年能够开采的金属数量，也因此限制了货币的供应量。当货币进入纸币甚至电子货币时代后，货币的发行数量不再受生产能力的限制。各国货币大多由国家央行发行，央行很大程度上控制了货币发行数量。

总体来说，一旦货币发行数量变多了，货币自然就贬值了。还记得吗，货币只是财富工具，我们拿着纸币是不能填饱肚子的，唯有将纸币换成粮食，如独自一人迷失在荒芜人烟的沙漠，奄奄一息之际，一箱面包绝对比一箱纸币管用。货币增多了，并不意味着我们可以凭空多出一套房子，社会的总财富还是那么多。

对于影响通货膨胀的各种因素，经济学领域还有更为复杂的研究，如货币流通速度、社会总需求、对外贸易等。

也许你要问，为何各国央行不人为限制货币数量呢？其实在这方面，并不是没有努力过，英国和美国都曾较长时间实行金本位制[②]，即通过将货币币值与黄金挂钩，来限制货币发行量，保持币值稳定。但这些努力最后都失败了，因为政府在保持币值稳定的同时，还不得不考虑对外贸易、经济刺激、劳动就业率、财政赤字等一篮子的复杂任务。在严峻的形势下，各国政府不得不相继放弃了金本位制。而现代经济理论支持“温和的通胀有利于经济发展”“通缩对经济的坏处更甚于通胀”等论断，因此通货膨胀在各个国家都逐渐成为普遍现象。

对于普通人来说，暂时搞不清社会总需求、金本位等金融学概念也没关系，**但一定记住，货币一直走在贬值的路上，只是偶尔回头一笑**（通缩不常见）。

---

① 参见本书第 19 章。

② 货币与黄金挂钩，每一货币单位都有法定的含金量，货币与黄金之间可以相互兑换。金本位制限制了央行的发钞冲动，因为一旦货币因超发而贬值，民众就会拿货币去挤兑央行的黄金。

【小贴士】

通缩是与通胀相反的一个概念，即货币越来越“值钱”。当通缩发生时，人们会减少或延迟消费需求，因为手上的货币在未来会更“值钱”。之所以发生通缩，是因为经济不景气，社会总需求不足（主要是大家拿着钱不敢消费，而不是货币发行量不足），因此通缩在一定程度上使本不景气的经济雪上加霜。

相比通缩，现代经济学更支持央行的货币政策偏向“温和的通胀”，并认为较低幅度的通胀反而能够刺激经济发展。

感知通胀

我们的本币只有人民币一种，对应的商品却有万万种。各种商品的价格变化复杂且不同步，而且各地区之间也存在物价差异。经济学上衡量通胀的指标有很多，但老百姓对通胀的感知，主要体现在具体物品的价格上。我记得我生活的城市，2009 年一碗肉丝粉（面）大约是 4 至 5 元，而 2016 年则是 6 至 8 元。这几年水果、蔬菜价格上涨较快，感觉比较明显。虽然大部分商品价格呈现缓慢上涨的趋势，但也有例外，如电子产品（电脑、手机）的性能就越来越好，价格却越来越低。

通胀，简单理解就是物价上涨，钱越来越不值钱了。而在实际生活中，每个人对通胀的感知是不同的。以下内容涉及一些经济学基础知识，如果阅读起来要花费吃奶的力气，可以快速跳过本小段的内容，只要记住这句话即可：**不要因为某一两个通胀指标很低**（可能失真），**就小看了通胀对金钱的长期侵蚀力量；也不要因为处在低通胀之中，就认为未来三四十年的通胀水平可以一直这么低！**

我们经常在新闻中听到，“CPI 同比上涨百分之多少”云云。这里的 CPI 指的是“居民消费价格指数”，也是衡量通胀最常用的指标。许多人对于CPI数据有疑问，总感觉实际通胀水平远超官方公布的CPI数据。于是有人找出了我国的货币供应量数据，2000年以来广义货币（即M2，后文中有解释）的年平均增速高达16%至18%，以此为依据判断我国货币极度超发，通胀水平非常严重。

真实情况究竟如何呢？为何许多人感知到的通胀，既没有M2那么高，也没有CPI数据那么低？

首先，CPI只是从某个层面上反映通胀水平，而不能将CPI等同于通胀。CPI是一个统计数据，这个指数在统计时，须赋予每项商品不同的统计权重，权重取值直接影响CPI的最终统计结果。因此，不同收入阶层的人对通胀的感觉是不同的。例如，低收入阶层的食品消费比重较大，从图2-1我们可以看出，最近十年来食品类消费价格指数一直高于CPI，所以他们所受的通胀压力更大。为了使指数适用于较多的人群，CPI权重是以金字塔底端最宽泛的广大人民群众的日常消费作为参考的。2015年我国城镇居民人均可支配收入31195元①，也就是说，月收入在2600元及以下时，对通胀的感觉用CPI来衡量才比较真切。而CPI对于中产阶级在教育和医疗等方面的支出权重偏低，对少数人享用的奢侈品价格则更少涉及。

还需注意，CPI是消费者物价指数，这个指数基本不包含资本的价格。当资金用于新建工厂，或进入房地产、股市等领域，这些方面的价格上涨对CPI的影响微乎其微。例如房地产，计入CPI的部分为房租的价格，而并非房屋出售的价格。近十年间许多城市房价的上涨幅度远超房租。如果我们这辈子注定要购买一套房屋，那么房价上涨了多少，我们手中储备的用于买房的货币也就相应贬值了多少。

其次，广义货币（M2）的增速那么快——2006年末才34.6万亿，

① 此外，农村居民人均可支配收入11422元（不包含自己消耗的口粮）。全国居民（含城乡）人均可支配收入中位数19281元。

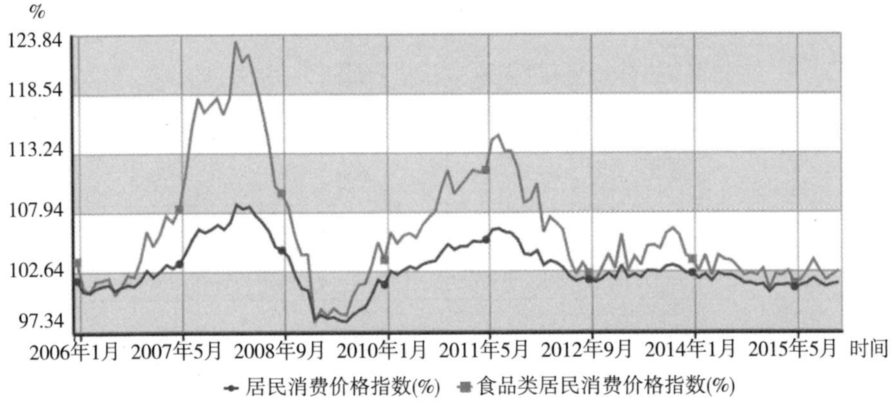

图 2－1　2006—2015 年居民消费价格指数（上年同月＝100）

2015 年末已经 139.2 万亿，约是前者的 4 倍。我们的通胀水平是不是也同样这么高？很显然并不是！随着劳动生产率的提高，单位时间可以生产更多产品，这在一定程度上平抑了物价。例如，我们新修一条铁路或公路，就降低了一些区域的物流成本；我们的技术研发水平不断进步，以前制造一台汽车的时间及成本，几年后可以造出两台。技术进步越快的领域（如电子产品），其产品的劳动生产率也会提高很快。如果生产率增速大幅超过货币增速，就会表现为产品价格下降。

中国正处于城镇化进程的高速发展期，城镇化对劳动生产力的提高，以及 GDP 的拉动效应是非常显著的。农业机械化提高了农业的生产效率，使农业人口减少。这些人进入城市后，参加现代化的生产线生产，又使原来务农的低等级劳动力，转化成较高生产率的工厂工人，为全社会提供了更多的产品。

我们把货币、CPI、GDP 等数据综合起来看，如表 2－1 所示：

表 2－1　2006—2015 年货币供量、CPI 与 GDP

序号	项目	2006 年末	2007 年末	2008 年末	2009 年末	2010 年末	2011 年末	2012 年末	2013 年末	2014 年末	2015 年末	2015 年/2006 年	年平均增速
①	M0（亿元）	27072.62	30334.32	34218.96	38246.97	44628.17	50748.46	54659.77	58574.44	60259.53	63216.58	233.51%	9.88%
②	M1（亿元）	126028.05	152519.17	166217.13	221445.81	266621.54	289847.7	308664.23	337291.05	348056.41	400953.44	318.15%	13.72%
③	M2（亿元）	345577.91	403401.3	475166.6	610224.52	725851.79	851590.9	974148.8	1106524.98	1228374.81	1392278.11	402.88%	16.75%

续表

序号	项目	2006年末	2007年末	2008年末	2009年末	2010年末	2011年末	2012年末	2013年末	2014年末	2015年末	2015年/2006年	年平均增速
④	CPI	—	106.5%	101.2%	101.9%	104.6%	104.1%	102.5%	102.5%	101.5%	101.6%	129.6%	2.92%
⑤	食品消费价格指数	—	116.7%	104.2%	105.3%	109.6%	109.1%	104.2%	104.1%	102.9%	102.7%	175.5%	6.45%
⑥	GDP同比增速（剔除物价）	—	14.20%	9.62%	9.24%	10.63%	9.49%	7.75%	7.69%	7.27%	6.90%	220.40%	9.18%
⑦	GDP数值（未剔除物价）	217656.59	268019.35	316751.75	345629.23	408902.95	484123.5	534123.04	588018.76	635910	676708	310.91%	13.43%
⑧	根据⑥⑦项计算的GDP紧缩指数											⑦/⑥=141.06%	3.90%

注：1. M0为流通中的现金，可理解为发行在外的纸币。M1为M0+单位在银行的活期存款；M2为M1+单位在银行的定期存款和城乡居民个人在银行的各项储蓄存款以及证券客户保证金。

2. GDP指的是国内生产总值。第⑥项是按可比价格换算后的GDP增速，剔除物价变化影响，即我们经常在新闻中听到的GDP增速。第⑦项是当年GDP产值，用当年的货币统计，未剔除物价影响因素。通过第⑥、⑦项计算GDP紧缩指数，得出2015年比2006年年均通胀率为3.9%。

3. 自2011年10月起，货币供应量已包括住房公积金中心存款和非存款类金融机构在存款类金融机构的存款。该统计口径的变化，主要影响M2。2011年9月的M0、M1、M2分别为47145亿元、267193亿元、787406亿元，对应2011年10月的数据分别为：46579亿元、276553亿元、816829亿元。

由①、②、③项可以看出，M0、M1、M2的平均增速分别为9.88%、13.72%、16.75%，这样的增长数据是很快的。再来看第④项CPI数据，近年来最低增幅为1.6%，最高也只有6.5%，平均为2.92%。从这个数据看，我们似乎可以稍微舒口气，毕竟近年来剔除物价后的GDP平均年增速为9.18%（表中第⑥项），劳动生产率的提高在一定程度上平抑了物价①。其实除了CPI以外，我们还有核心CPI指

① 我们不能直接将货币供应量与GDP用正比关系去思考。首先，GDP是当年新增量，而货币代表的既可以是增量，也可以是存量。比如新修了一栋大楼，它会计入当年的GDP，第二年不会继续出现在GDP中。但是，它的价值不会在第二年消失，在二手房买卖时仍然要通过货币来衡量和交易。其次，GDP增速与劳动生产率也不成正比关系，一是劳动人口数量也影响GDP增速，即GDP的增速也可能部分来自劳动人口数量增长；二是许多科技进步对劳动生产率的贡献，难以用货币来量化，如某些电子产品的性能提升后，其价格却不变，甚至下跌。

数、PPI 指数、GDP 紧缩指数等。我们通过表中第⑥、⑦项数据，计算出的 GDP 紧缩指数年均增幅约为 3.9%。

【小知识】

（1）核心 CPI 指数：将受气候和季节因素影响较大的产品价格剔除，一般认为是剔除了食品、石油等大宗商品影响后的 CPI 指数。

（2）PPI，即生产者价格指数，主要反应工业企业产品的出厂价格。CPI 是终端消费者看到的价格变化，如蔬菜、牙膏；PPI 则是生产企业看到的价格变化，如原材料钢铁价格变化对汽车厂商的影响。

（3）GDP 紧缩指数衡量的是一定时期内全社会全部产品价格水平变动，GDP 紧缩指数 =（名义 GDP/实际 GDP）×100%。

直面通胀，我们该怎么办?

因为每个人的消费结构不同，所以“通胀”对每个人的影响也是不尽相同的。尽管我们无法列出适用于自己的真实通胀数字，但通胀是我们每个人不得不认真思考的一个问题。

前面已经提到，我们一生的财富就像蓄水池，人生各个阶段的进水量和排水量差异很大——青少年以前和老年退休以后，难以创造财富。因此我们在人生的中间阶段应当尽量储蓄，多进少出，并通过和父母、子女的蓄水池连通以缓冲人生各阶段进出水量的差异。

既然蓄水池总是需要保持一定的水量，那么通胀就好像注入蓄水池的水被慢慢地风干、蒸发掉了。大雨过后，你盯着地上的一滩水三分钟、十分钟、甚至一个小时（恰好没什么事做的话），你感觉不到它在蒸发，通胀正是如此。对于我们的财富蓄水池来说，通胀的速度可能会很缓慢，有时甚至感觉不到，但日积夜累的效果却是“水滴石穿”。

即使从30岁才开始认真管理财富，我们也面临三十年以上的时间，这是一场超级长跑。在这30年的时间里，经济周期起伏，大约十多年就有可能发生一次高通胀（甚至恶性通胀）。财富管理的最低要求，就是跑赢通胀（注意不是跑赢CPI）。如果你已经开始跃跃欲试，试着规划自己的资产配置，脑海里有了跑赢通胀的意识，那么恭喜你！在财富管理方面，你已经超过了80%以上的群众。如果你还不知道目标，那么可以参考CPI和GDP紧缩指数。

面对通胀，我们能做什么？

首先，在满足日常开支及为突发事件储备的前提条件下，应当尽可能多地持有可以带给你回报的资产，而不是持有货币（特别是现金）。但仍需注意，不同类别的资产对应了不同的收益和风险，有时甚至可能会招致损失。如果你投资经验还不足，则应当先从低风险、低收益的品种入手，或者试探性先少量投资于高风险、高收益的资产上。

其次，你也可以将货币换成“东西”。这类“东西”必须容易保存（折旧年限长）和变现（可迅速达成交易且费率低），且该种“东西”的劳动生产率无法显著提高。这一领域比较典型的代表有房产、贵金属以及某些收藏及纪念品。

第一类的资产可以达到“鸡生蛋，蛋生鸡”的目的，当然也可能鸡飞蛋打（风险）；第二类实物虽不会鸡飞蛋打，但它没办法生“蛋”①。其主要风险是长周期中的泡沫，以及相关领域的技术进步。

此外，不要过于害怕债务。很多人在买房选择付款方式时，一提起贷款，首先想到的是银行收了我多少利息，一算总觉得这些钱被别人“赚”走了，不划算。实际上，今天的2000元的月供可以下馆子四五次，但二十年后，揣着2000元恐怕都不好意思出门了。通货膨胀使债权人（借出）受损，债务人（借入）受益——通货膨胀降低了获取资

---

① 就算你把一斤黄金埋在土里100年，它也不会多出1克。

金的实际成本。所以我们可以尽量利用贷款，特别是低息贷款（如住房公积金，目前贷款利率仅为3.25%，2016年1月1日）。

【小知识】

什么时候容易发生大幅通胀？以下是两种常见情况：

（1）当经济萧条时，劳动生产力（提高）对超发货币的抑制作用降低。而此时政府部门会施行积极的宏观调控政策来刺激经济，这包括货币政策（发行更多货币）和财政政策（财政赤字），双重叠加引发更高水平的通胀。积极政策施行后，一直要到中后期通胀才会显现出来。

（2）经济繁荣的中后期，投资和消费都比较活跃，社会总需求旺盛，进而拉动借贷利率、基础原材料、劳动力等价格上涨，引发通胀。

以上两个时期，注意做好财富的保值、增值工作。

第三章

财富的载体是什么?

为何说财富是时间的化石？

不妨闭上眼睛想一想，你究竟如何看待“财富”呢？

有人说，亲人是我最大的财富，跟他们在一起每天都很开心；有人说，人脉是我最大的财富，我的特长就是与人沟通；还有人说，我的财富都存在保险箱里……

每个人对财富的理解不尽相同，但**所有财富都需要“时间”这个要素来承载。时间可能是上天赐予世人最公平的东西**，每个人所拥有的时间是相近的——我们管它叫“一生一世”。哪怕是坐拥数百亿资产的富翁，享受一流的医疗条件，也无法使自己的寿命显著高于常人。换句话说，富豪的财产可以高出普通人数千万倍，但其拥有的时间（寿命）却无法高出平均寿命一倍以上。

2015 年 5 月 13 日，世界卫生组织（WHO）发布了 2015 年版《世界卫生统计》报告，中国在此次报告中的人口平均寿命为：男性 74 岁，女性 77 岁——而世界上有确切记录的最高寿命为 122 岁。对于绝大多数人来说，寿命期望值落在 60 至 80 岁的较多。当承载财富的“时间”耗尽，“财富”也随之逝去。我们无法继续陪伴亲人左右，而存放于保险箱中的金钱也将归于他人。

在这本书里，我们先将广义的精神财富抛开，单纯来聊聊该如何规划我们的物质财富。

有一次小明去游乐场，最热门的云霄飞车已经挂上了“此处排队约需 1 个小时”的牌子。小明想了想，1 个小时有点久，但自己尚能忍受，于是加入了队伍。

一小时后，当小明排到队伍的最前方时，一位风一样的男子跟他说，愿意出价100元购买他的位置。小明想了一下，游乐场的门票也才80元，仅仅排了1个小时的队，已经收回了门票支出，还能净赚20元，似乎还不错。正当小明还在犹豫的时候，这位风一样的男子已经加价到200元，二话不说从钱包里拿出两张红票子，晃了晃，就要往小明手里塞。这时小明该不该换？小明的月薪约5000元，扣税再除掉休息日等，日薪大约是200元，排一个小时队，已经相当于工作了八小时。这个条件很诱人，于是小明接受了这笔交易。

物质财富是历史时间的沉淀，是时间的化石。比如说小明花了8个小时干活，拿到了200元的日薪，那么小明就是拿8小时时间，换取了200元。在这里小明仅仅排了1个小时的队，就拿回了200元，对小明来说是一笔划算的买卖。

而出价200元的男子，他是不是冤大头？当然也不是——他之所以愿意出价200元，是因为他在一个小时里能够赚到更多的钱（且痛苦程度不高于排队）。曾经有一则趣闻，说某位富翁不小心掉了几百美元，路人见状后告知，谁知他头也不回径直走开了，因为他心里在盘算，在弯腰把几百美元捡起来的这几秒钟时间里，他能赚到更多的钱。

我们在日常生活中，对于开销的理解，多以金钱来量化，很少有人会把时间也计算在内。比如出门看电影，很多人都会注意到路上花了多少交通费、电影票花了多少钱，但很少有人会注意路上花了多少时间，电影开播前等待了多长时间。

大多数人在工作和生活中，更多地注意金钱，而很少注意“时间”。前面已经提到过，富人的财产可以高出普通人数千万倍，但其拥有的时间（寿命）却无法高出普通人一倍。当你拥有很多物质财富时，时间就相对更少，因此富人更在意时间，并且愿意用金钱去置换时间。而当一个人拥有的物质财富较少时，时间就相对更多，因此他不愿意花费本就稀少的物质财富，而更愿意消耗大把大把时间。

一个人越是紧紧抓住财富不放，财富反而越是离他远去。**不少人小**

心翼翼地省下一笔笔物质财富，却浪费了大把时间，这些时间本可以用于丰富他们的大脑，帮助他们提高劳动报酬率，以创造更多财富。比方说，我之前一本投资类书籍出版后，网络上曾碰到过几条留言说书的价格“贵”了（普通的书价，并没有令人咋舌）。实际上，一本书的成本主要不在于三十元左右的售价，而在于读完这本书所需花费的时间（一般需要 20 小时以上）。其实书中只要有一两个观点能对你有启发，就已经物有所值。

如果对于财富的关注点都是细枝末节，你就没有办法着眼大局。随着收入水平提高，“用金钱换时间”的思维也会愈发明晰。如果你现在还处于事业起步阶段，没关系，先把这个观念植入大脑，尽量花时间去武装头脑，而不是为了节约开支而浪费大把时间。

年轻人，注意劳动能力的稀缺性！

随着生产力进步，社会化大分工越来越精细。每个人都做自己擅长的事，以此获得收入并用以换取其他人创造的财富。我们都要穿衣，但并不需要亲自去学习织布和缝纫。我们分布在各行各业，是销售员、行政管理人员、又或者是专业技术员等。

虽然我们各自都做着自己擅长的事，但为何每个人所能获得的收入不尽相同呢？到底谁主宰这一切？这是一个复杂的经济学问题。它受制于劳动生产率（必要劳动时间），你无法用生产 1 斤粮食所获得的收入去换回一辆汽车；它又受到供需关系影响，因为顶级著名画家很少而普通画家很多，所以不是所有画作都能像毕加索的那么值钱。

如果你的劳动能力是稀缺的，那么意味着其他人需要拿更多的劳动时间来跟你换，也即你能获得更高的劳动收入，反之也类似。发展中国家脑力劳动稀缺而体力劳动廉价，因为学习高等知识的人少。在发达国家，许多蓝领工人收入不错，因为这些国家的教育普及率高，而愿意从事粗活脏活的工人偏少。我们再来看一个简单的例子。某家企业中的一个普通行政办公人员，他所从事的工作包括办公用品采购、会议室安排、车辆等设备的年检等，甚至还有交电话费、物业费，供应饮用水等杂事。如果你刚好处在一个类似的工作岗位上，那么寻思一下，你的工作岗位是否很多人都能胜任？如果换一个新人来接替你的工作，他是否需要很长时间去学习和适应？

我刚毕业时在一家房地产集团工作，当时分配到经营部。我们部门的主要工作由负责下面子公司的采购招标及监察，主要是工程方面，有时也兼顾营销。当时的部门经理和一位男同事是做预决算出身，主要技术性的工作由他们负责；而我没有学过预决算，所以只能做一些基础的文件整理、打电话通知投标单位时间、地点等杂务。我的工作很轻松，薪资待遇也不错，当时很多同学羡慕。但是每次我拿到各种投标文件时总是头大，不知从何学起，而且经营部也没有学习的条件。因此，我经常被分派到一些让人哭笑不得的任务。有一次陪同预决算部的同事去公司旗下某个别墅项目测量光缆长度，起因是怀疑业务单位多报了用量。两个人拿着卷尺在工地上灰头土脸、蹦蹦跳跳搞了三天。完事以后这位同事告诉我，其实这些光缆每隔一米都会标记一个小数字，只要把两个数字相减就可以得出用量。我脸上顿时就画了个囧字，问他：“那我们折腾了三天是在干嘛?”他苦笑道，“没办法，这是总部坐在办公室里的老总拍脑袋要求的，一定要这么干，你就当是出来旅游呗。”还有一次，跟着园林部去验收绿化，这位同事明明拿着绿化图纸，只要对着图纸核验每个区域就行，结果他怕搞错，硬是要按照植物的种类一种一种地数。小区有八十多种植物，于是我们就围着小区转了八十多个圈圈。我作为经营部的职员担负着监督责任，但这些事情没有任何技术含量，我只是跟着跑腿而已。

这是我毕业后的第一家单位，我只待了半年。当时很多同学不明白，毕竟刚毕业就能直接进入房地产公司很不容易，更何况是集团公司的层级。如果我跑到下面的分、子公司检查工作，对方还需经理级别来对接。工作轻松是事实，薪酬待遇不错也是事实，但转念一想，能够胜任我这份工作的人一抓一大把，如果换一个新人，不足一个星期就能替代我的岗位。

同期毕业的同学，许多人在类似轻松的环境下温水煮青蛙，耽误了奋斗上进最好的年华。短短几年，相互之间的差距就拉得很大。如果你还是20来岁刚毕业不久，请务必认真思考这个问题，你所在的岗位是否需要知识的沉淀，是否越老越吃香。想要提高收入水平，首先你得提高自身劳动能力的稀缺性。这个道理同样也适用于自主创业——如果只是在小区门口开一家小卖店，这个门槛很低（不稀缺）。只要生意稍微好一点，就会吸引新开的小卖店参与竞争。

【青春的价值】

人生在不同时期，时间所能换回的财富值（时间的化石）也是变化的。特别注意，年轻时我们的时间看上去“不值钱”，但不能因此而蹉跎岁月，不要把时间浪费在一些无法提高劳动报酬率的琐事上。

资金也有时间价值？

日常生活中，我们都曾遇到亲戚朋友借钱的境况。借钱这种事，拒绝吧又怕伤和气丢面子，答应吧又担心对方忘记或赖账。以下两种情况，哪种更令你不悦？

（1）跟同事小欣逛街，她遇见了心仪的包包，可是身上钱没带够，于是找你借了几百元。此后，她好像一直没记起这件事，你暗示了好几次也没用，最后不了了之。其实当时那件包包你也很想要，但你都没舍得花钱买下来。

（2）好友小诺要买房，一时周转不开找你借了10万元，并约定半年后还款。半年后他如约还款，但是却没有提利息之类的事情。他既然没有给，你当然也不好开口。朋友周转困难，相互帮忙也是理所当然的嘛，于是就这样算了。

对于大多数人来说，情况一更令人不悦。每当看见小欣背着那款包包，愉快地哼着小调来上班，你心里都会梗一下（男同胞请自行脑补其他类似画面）。至于情况二，小诺答应半年后还款并且做到了，他是一个信守承诺的人，值得我们信赖。

事实真是这样吗？不完全是！

实际上情况二的实际损失远高于情况一，这是因为资金也有时间价值。那么问题来了，什么是资金的时间价值，而资金的时间价值又该怎样计算呢？

资金的时间价值，就是指当前所持有一定数量的货币，比未来同等数量的货币具有更高的价值。换言之，如果人们牺牲即时消费而改在未来消费，那么未来必须获得更多的消费量作为补偿。这是为什么？经济学上给出的解释多种多样，大多出于资本报酬的角度。我们从另一方面试想想，还记得前面提到过金钱与时间的对应关系吗？在未来我们剩余的时间变少了，所以金钱也就相对不那么“值钱”（重要）了。随着时间越往后推移，我们剩余的时间也越来越少。在生命的最后关头，我们甚至愿意花大量的金钱（医疗）来换取更多时间。此外资金的时间价值，在一定程度上也是对通货膨胀的补偿。

对于不同的人而言，资金的时间价值是不同的，这取决于他们利用这笔资金的预期投资回报率。如果你的预期投资回报率对标银行定期存款，那么存款利率相当于你这笔资金的时间价值。虽然有时是出于生活原因的被动储蓄（还记得财富蓄水池吗），但最终结果就是放弃了即时消费而选择了定期存款。如果你的预期投资回报率（长期）为15%，而且以你的投资能力可以达到这个复利收益，那么你资金的时间价值就是 15%。对于同等财富积累、同等收入水平的人来说，投资能力越强，即时消费的意愿也越低。

由于通胀不可避免地存在，所以在这里建议不要为了追求安全性，而降低自己的预期投资回报率，并将资产过多配置在低风险、低回报的资产上——至少给自己一个最低要求，财富增值率不能输给通胀率，否则财富会不断缩水。

【比较】

小诺借了 10 万元，即使按目前年化 3% 左右的货基收益率计算，半年时间也有 1500 元收益，远高于小欣借走的几百元——但为何损失额更低的小欣，反而更令人不悦？

人的大脑有时候很有意思，我们抛开上例中的情感因素不说，也不理会资金的时间价值——无端损失了 1000 元，和本应赚取的 1000 元最后没到手，这两者的经济值是相同的，但带给人的痛苦值却不一样。

第四章

开源节流，该把时间放在哪？

竭力省钱是否可取？

许多理财书籍都强调：尽量节约每一笔开支，收入再低也能理财等。它们鼓励读者将每一笔开支记录下来，然后分门别类，如“餐饮费”“通信费”“人情费”等。反思哪些是必要性开支，哪些是非必要的，并极尽所能节约开支，增加储蓄。

对不同的人来说，这种方法的效果差异很大，主要体现在收入水平上。简单点说，**一些人能通过这种办法增加储蓄，但另一些人不管怎么省，也省不下几个钱。**

我曾经有一位同事小丽（化名），她因为贷款买了房，资金压力比较大，于是想尽一切办法节约开支。让我感触最深的是，她突然之间把午饭也“省”下来了。当时我们的午饭是安排在旁边一家高新电子企业的员工食堂，每顿饭的花销才三五元！

类似这种苦行僧似的做法，非常辛苦，但很少有人以此积累下大量财富。这其实是很容易算的一笔账，在这顿午餐上再怎么节省，对于改善经济条件也于事无补。长此以往，如果得个胃病什么的，买药钱花得更多。节约开支有时是必要的，但如果已经严重影响生活质量，建议马上停止这种愚蠢的做法。

在宏观经济学中，有一个叫“储蓄率”的词语，指的是国民可支配收入中储蓄额所占的百分比。实际我们每个人的财务管理，也可以用到“储蓄率”这个词。个人可支配收入，没有被消费掉的部分（比例），就是储蓄率。

对于低收入人群来说，节约开支对提高储蓄率的作用并不大，因为他们的消费结构中大比例是基础性的必要开支。相对来说，低收入人群本来就没有奢侈的消费习惯，开支已经是减无可减。

对生活开支记账的方法，可以试行一两个月，以便精确地了解自己的消费结构。但如果年复一年“坚持”下去，结果反而是**弊大于利**。很普遍的例子，当你盘算怎样节约人际交往开支的同时，也将失去人脉关系带给你的一些机会。**在开支方面过于精打细算容易养成“极度厌恶风险”的性格，即便有一定的储蓄，也只能死死地放在低风险、低收益的资产中（如银行存款），接受通货膨胀的侵蚀**。更要命的是，这个坏处不仅仅体现在财富管理方面——**过于保守的性格使我们错失人生中许多重要机会，结果往往是一生平庸，一生忙碌**。

所谓“开源节流”，既然出水管不好使，不如多从进水管这头想想办法？

什么是投资型时间？

首先反问自己一个问题，我的时间都花在哪了？像之前那位同事小丽，她在节约开支上非常努力，几乎想尽了一切办法——这当然会花费她一些时间，但不至于为节约开支这种事忙得透不过气来。事实上小丽的闲暇时间还挺多，因为她的工作基本是一些简单重复性劳动，如收发文件、整理档案等。在工作中，她希望得到明确的指令，领导告诉她要怎么去做，而不是自己思考该怎么做。因为她担心自己的想法是错的，如果做错就得挨领导批评。反过来说，领导的命令即便是错了，那也是领导的错误，自己只是执行者（不会挨批）。而在工作之外（包括上班时间手头没有工作任务时），小丽大部分时间关注明星八卦新闻、电视剧、言情小说等。并且她经常会觉得无聊，因为总不知道干什么好，没有打发时间的项目。

其实，我们也可以将自己的时间划分为投资型和消费型。大多数消费型时间，我们在支配它时都会觉得身心愉悦——人总是会选择自己感兴趣的项目来打发消费型时间。而投资型时间，期间做的事情将提高（或可能提高）我们未来的收入水平。我们在支配投资型时间时，并不一定能够感觉到愉悦，因为自身的兴趣点可能与之相悖。

最典型的投资型时间，就是工作时间。如果你的工作需要不断学习相关专业知识，或需要组织和管理能力的积累，那么这类时间就是投资型时间。这一点很容易鉴别，只需要看看自己的工作岗位上新老员工的待遇差异——资深员工和初级员工的薪资水平差距越大，那么此类投资型时间越值得投入。相对应的，另一类工作不管是一年、十年、还是二十年经验，在收入水平上几乎没有差别，这一类的工作时间算不上投资型时间。比如装修行业里铺贴瓷砖的工人，实际报酬是按工作量计算的，并不会因为你资历久，就得到更高的报酬。

【思考】

不妨停下来思考几分钟，你的工作时间属于哪一类？你周边的人，又是哪一类？你该怎么做？

许多公司具有狼性的企业文化，职员的工作压力很大，加班加点也是家常便饭。这样的工作虽然辛苦，但非常锻炼人。公司业务拓展快，对内部职员的升职加薪也快。如果是30岁前的事业起步阶段，尽量选择此类工作，因为它会帮你积累大量的投资型时间——尽管很大程度上这些投资型时间是被动积累的。职位和薪资提高到一定水平后，平级或继续上升的概率更大，下降的概率却较小——即劳动报酬率的提高是刚性的。所以达到较高层级的时间越早，收获也将越多。25岁就升职到部门经理，与40岁才坐到这个位置，中间积累的差异是巨大的。

另一类工作岗位相对来说比较安逸，甚至薪资待遇还不错（短期来看），但工作大多是简单重复，也就是说投资型时间少。对于30岁前的年轻人来说，这并不是一个好选择。而且随着年龄的增长，拼劲、闯劲也会慢慢被消磨掉。大酒店里的高级服务生，薪资比厨师助理还高，工作内容也更轻松。高级服务生所依赖的资格是身高、长相等，这些资格随着时间推移慢慢褪去。相对来说厨师助理掌握的技能更多，一开始反而事多钱少，但他会慢慢成长为正式厨师、厨师长、行政总厨等。随着职级的上升，他的收入水平也会相应增加。

大学生给小学生打工?

在我们一生中，还有一个阶段也充满了投资型时间，它就是我们的校园年代，包括小学、中学、大学等。

我们有时总会谈到一个社会现象，就是“大学生给小学生打工”。多年以后参加同学会，也总能发现那么几个曾经的“调皮王”，当年学习成绩非常糟糕，现在却反而“混”得最好。

【为什么】

每每谈到这种现象，是不是旁边总有几个曾经努力学习的“好同学”喜欢发牢骚，认为世界“不公平”？这是为什么？

我们将更多的投资型时间放在学习上，相对应地获得更好的学习成绩。但须知我们走向社会后，课本知识并不是全部，如诚实守信等品格、人际交往能力、言辞谈吐技巧、组织管理协调，乃至风险意识、商业眼光等，这些都需要我们在社会这个大染缸里摸爬滚打。

在“分数至上”的校园里，只要将时间安排在课本知识的学习上，考试分数即成为最直接的回报。请注意：很多东西不会在考分上体现，但却会在之后的人生道路上发光发热。比如调皮的孩子往往创造性思维更活跃；又如一穷二白的同学反而更放得开，不愿死死拿着一份“稳定”的收入，敢想敢干，勇于开创事业。

所以当我们还是孩童时代（或培养下一代时），就应当多注意兴趣爱好的挖掘和培养，文学也好，历史也好，哪怕幽默细胞也好，总会派上用场。

对于投资型时间而言，大多数情况下，投入后都不会立竿见影即刻获得回报。虽然我们搞不清投资型时间最终可以有多大成效，但毫无疑问的是，在**知识面拓宽、价值观提升后，会潜移默化帮助我们抓住更多的机会。**

【建议】

回忆自己的一天，想想看哪些是投资型时间，哪些是消费型时间？试试看，努力去提高自己投资型时间的占比！

如果实在不知怎么做，找本自己最感兴趣的书籍看看。如果不知道这样做能有什么用，那么接着读下文。

主动性思维

比如说看小说，普遍情况是被动接受型思维，即看过了、感动过了、哭过了，然后就结束了。小说会触动我们内心的一些情感，满足精神需求①。类似的情况还有看电影、球赛等，像这样一些情况，即为消费类时间。

同样也是小说，同样也是喜欢，主动创造型思维在阅读别人的小说时会思考很多问题，如剧情发展、人物性格设定等。例如，金圣叹点评《水浒传》，就提到林冲与妻子自充军后分离，之后林冲经历种种磨难，

① 特别是九型人格中4号性格，悲情浪漫主义的最爱。

逼上梁山、纳投名状，而后派人打听妻子的下落，方知妻子半年前已经因太尉逼婚而自缢身亡。“各位看官唏嘘不已”，金圣叹却道作者此时只为剪断这条叙事线——林冲被充军起因是奸人陷害（垂涎他妻子的美色），但林冲落草后这条叙事线反而变成了牵绊（后文中无暇再安排个什么情节）。

这就是看问题视角不同！被动性思维是接受，接受完以后就烟消云散了。而主动性思维则是吸收再造，它会产生新的东西。同样是阅读小说，作家潜移默化地提升自己的写作能力，他们阅读小说的时间，不再是消费型时间。

又比如，大多数人看电影是消费型时间，但专业影评师不是，根据电影内容撰写新闻的媒体不是，根据电影情节制作各种搞笑小视频的业余爱好者也不是（可以对广告流量收入分成）。

投资型时间无所不在，并非只限于学习知识，关键在于利用主动思维将其用到实处。在生活中，许多人都有幽默的性格，这帮助他们更快地融入社交人群，获得更好的人际关系。很显然培养幽默细胞在此处是有利的，所花的时间也算是投资型时间。此外还有人通过微博、微信来发展属于自己的自媒体，经常编写自己行业的一些幽默段子，吸引不少粉丝，也因此获得了额外的收入（如植入在幽默段子里的软广告等）。

【思考】

自己在哪些方面有一技之长？能否将消费型时间转化为投资型时间？

“投资型时间”的概念并不只适用于职场人士，对于创业人士更为重要，因为他们还需要承担资本本身的风险。譬如有一位朋友开花店，首先选择在大型花店里从学徒做起（其实薪资还不够她的油费），除了花艺还学习管理经验，这就是投资型时间沉淀。一年多以后自己开店，就可以驾轻就熟了。而运营以后她又用主动性思维来开拓市场，如二维码加微信公众号（含额外优惠），上新品即可以直接将信息传递给客户；如和附近的蛋糕店联合并分享客户；如在附近的写字楼、酒店、学校做推介等。

假如某天失业了，你怎么办？

经济大周期和行业演变，我们普通人很难预料。

早在 2003 至 2004 年左右，海运行业还是个香饽饽，据说某些大学的应届毕业生都可以拿到 10 万以上年薪（对于应届大学生，当年 10 万元已是天文数字），因此我周边很多同学报考了相关院校及专业。谁知到 2007 年、2008 年毕业时，海运行业已经急转直下，严重供过于求，波罗的海综合运价指数（BDI）从一万多点逐步盘低到几百点（2015 年末），七八年后仍未走出阴霾。

类似的情况还有很多。以前看过一则新闻，光伏行业火爆的时候企业到处招不到人，许多高校陆续开设了相关的专业。谁知光伏行业的产能扩张实在太快，2006 年时国内产能还不足 300 吨，2011 年已达 8 万多吨，2012 年更是出现了光伏企业的倒闭潮。此时，光伏专业的毕业生不得不面临当年海运同学相同的命运。这对于当时的毕业生来说，并不见得是件坏事，因为他们积压在此的成本（投资型时间）并不多，转行的损失不大。相比之下，不少行业里的高新技术人才也不得不失业了——他们的损失则更大，他们付出了大量时间在相关技术研发上，也拿着高薪。而一旦离开那个工作岗位，所有经验积累归零，还能拿什么来维持高收入呢？

我们都可能面临上面这种窘境。之所以造成这种情况，许多时候并非是我们工作不努力不上进，而是大的经济产业运行结果。这种情况对高精尖技术型人才的影响是最大的，因为人力、行政、销售、财务甚至高层管理（战略）等其他岗位，各行各业有许多相通之处，换一个行业可以继续发光发热，但一个行业的技术却往往很难挪移到其他行业。

【思考】

我们过去常听说，“学好数理化，走遍天下都不怕”“学一门技术就是端一口饭碗”，真的是这样吗？

在这里我很难一一去列举哪些行业是夕阳行业，或者选出一些非周期性行业给读者作为参考，否则本书很快变成了就业指导书。而且时代变迁太快，今年还适用的，几年后却可能物是人非。

不如将投资作为爱好

如果你学习花艺，那么当你自己开店时，此前投入的投资型时间得以物尽其用。但假设你学完花艺后，却改行当了司机，那么之前积累在花艺上的投资型时间就派不上用场。

我们每个人都有自己不同的性格、兴趣，所以总会在某个方面具备“一技之长”，但这些长处却并不一定有机会派上用场。相对来说，投资理财却几乎一定可以用得上①。

我对投资的研究，主要来源于对经济学等学科的喜爱。在投资上，我花费了许多精力，从学习投资经典书籍，到研究上市公司财务报表，不断积累着投资型时间。因为我的兴趣爱好就在这里，所以花费精力的同时还能获得身心愉悦，就如同支配消费型时间一样。最重要的是，这些投资型时间的积累并不是“英雄无用武之地”，这些年我从投资理财

① 投资理财门槛很低，只要有可用于投资的储蓄就行。即便一毛钱储蓄也没有，了解一些财商的知识也是有利无害，如本书第一部分的内容。

上取得的收益，比全部薪资收入之和还多。

【兴趣是最好的老师】

在自己感兴趣的事物上积累投资型时间，可以事半功倍。

为何说将时间花在投资理财的学习上，具有较为普遍的适用性？其实我们并不需要成为顶级专家，甚至也不需要供职于金融机构。只要储蓄率大于零，我们就可以用自己的余钱去投资理财，让资金滚动起来"钱生钱"。

还记得前面我们讲过的财富加减法和指数运算吗？收入 X 减去支出 Y，剩下的就是可用于投资理财的资金。这笔资金在 X 中的比例越高（储蓄率越高），投资理财对财富积累的影响也就越明显。但如果 X 减 Y 以后所剩无几（储蓄率很低），那么即使花费再多时间研究投资，也不会明显改善财务状况。储蓄率低时，投资理财不是财富积累的重点工作，此时应当"开源节流"，增加储蓄率，且大多数人应尽量以"开源"为主，减少消费型时间，努力增加可能提高劳动报酬率的投资型时间。

会花钱才会赚钱？

有一种主流观点，即"会花钱的人才会赚钱"。

在现实生活中，我周围也有许多人持有类似观点，特别以销售人员居多。他们是月光一族，总也存不下钱。对于他们来说，钱再多也不够花。当他们升职加薪后，高收入又会被高支出给消耗掉。与之对应的是一种潇洒的生活状态，"人生是短暂的""人生得意须尽欢"。他们大多是外向型性格，自尊心强，偏感性，不拘小财，且跟斤斤计较的人合不到一拍。

这种说法也不是完全没道理。消费可以带来物质享受，要保持这个物质享受就必须不停地赚钱。赚钱的欲望，是一种推动力，刺激着他们努力打拼。如果收入减少，自然无法继续保持之前的高消费，这对他们来说是件非常痛苦的事，是一种惩罚。如果无法忍受惩罚，那么透支消费也会随之而来。

努力花钱以刺激自己努力赚钱，这种模式并非所有人都适用。只有消费对自身兴奋点刺激较大（敏感）的人，才有激励作用。比如一些人以知识储备作为兴奋点（博学型，喜欢看书），一些人对情感的波动更敏感（艺术型，如果生活平淡甚至要想办法自虐一下）。许多人对物质刺激的兴奋点并不高，如果要他们加班加点累死累活才能获取更高的收入，才能买更好的车，那还不如干脆早点下班回家“热炕头”，开普通车不也是开吗？

如果物质享受对你的兴奋点刺激不强烈，那么不要强迫自己努力花钱。不然钱花完了，啥效果也没有。“会花钱才会赚钱”并不适用所有人。

【思考】

物质享受对你兴奋点的刺激强烈吗？身边是否有刺激强烈的“月光族”，他们的收入水平如何？

曾经有一位朋友，她正是用高消费来刺激自己高强度的工作。工作中，她追求完美，总想要给领导最好的答卷，下属的所有工作她都不放心。她的工作不敢有任何懈怠，总担心一个闪失就无法支撑高消费。她与丈夫分居两地，年纪不小但一直不敢要孩子，不想因此打乱工作的节奏和晋升的通道。

你是否认可这样一种生活和工作状态？

如果你赚了很多钱，但却很难留下，那么记得回忆一下，我们的人生财富就像蓄水池，在各个阶段的进出水管状况是不一样的，我们必须要建设好财富的蓄水池，而不是将进水管直接安装在排水管上。更何况，经济的大周期和行业的变迁，乃至公司的存亡，普通人很难料到，这些变动会影响我们的财务状况。退一万步说，生活中不免有个大小病，我们必须有一定的储蓄来对抗这些变故。

如果忍不住地想要消费，或者不知道自己的钱都流到哪里去了（反正就是没了），那么建议用记账法试行一至三个月，在此过程中逐渐调节，回归到正常的消费轨道。首先，要节制的是炫耀性的消费，就是那种“实际也没享受到什么，但是争了一口气”；其次，要节制为了消费而消费，就是“花钱的那一刻特别爽，花完后发现买的东西其实没什么用”；最后，认真审视并减少偏奢侈性的消费，它们之中很多可以提高我们的生活质量，但并不是必须的。

本章开头提过，如果常年对生活开支记账，弊大于利，注意不要走进死胡同。而实际上，真正需要记账的人，反而很难常年坚持去做这件事。因为他们中外向型性格居多，更喜欢新事物刺激（也因此消费较多），难以接受枯燥行为的束缚。而能够长期坚持下来的多以内向型性格居多，他们更喜欢独处和静思，对物质生活的要求不高，用记账的方法去减少开支难以获得明显效果①。

开支经过记账式规划及调整后，记得要统计自己的储蓄率提高到了多少。储蓄率提高幅度越大，效果越明显。这时剩余的金钱，以前是用于购买消费品，现在记得买成资产。消费品买进后立即就贬值，消费完毕后归零。而资产可以“钱生钱”，买进后可以增值（当然也可能产生亏损）。

---

① 很有意思，需要坚持的往往坚持不下来；能坚持下来的往往没必要坚持。

【不想亏损怎么办】

继续学习后文的投资理财相关知识，根据自己的预期收益率选择投资品种，收益覆盖风险，站在赢面概率大的一边。

第五章

财务自由方能精神自由？

怎样才算财务自由？

财务自由是一个外来词汇，在投资圈里耳熟能详。财务自由是一种状态，就是说这一生即使不再工作，也不用为金钱而发愁。达到财务自由的状态后，不是非得停止工作，而是不必再受工作的束缚。

换作“财富蓄水池”的说法，财务自由就是指这一生剩余的时间里，不管排水管怎么排水，都不会将蓄水池里的水排干。

如果你认为自己已经达到了“财务自由”状态，继而辞去工作（或放弃公司股权），纵情于山水之间，那么其中存在一个严重的风险：你算准确了吗？你真的财务自由了吗？

首先不得不考虑通胀的问题。人类在思考和决策时，通常以自己周边的（距离短）、刚发生过的（时间短）参照物作为原材料，因此难免会按照现行生活消费水平来预估未来的收支情况。只要稍微懂一点金融常识，都会将货币的通胀水平也考虑进去，但这远远不够。

你是否常常在一些理财读物上阅读到类似的内容：以3%或5%作为通胀率，计算自己需要积攒多少退休金？假设我是一个普通工薪族，今年40岁，预期寿命为80岁，目前的家庭年收入约10万元，家庭年开销约为6万元，即使不考虑房、车等大项开支，以及进入老年后的大笔医疗开销，也能看到一张令人咂舌的表格。

表5－1　通胀率与年度开销推演

年龄	通胀率	年度开销（元）
41岁	5%	63000
42岁	5%	66150
43岁	5%	69458
44岁	5%	72930

续表

年龄	通胀率	年度开销（元）
45 岁	5%	76577
46 岁	5%	80406
47 岁	5%	84426
48 岁	5%	88647
49 岁	5%	93080
50 岁	5%	97734
51 岁	5%	102620
52 岁	5%	107751
53 岁	5%	113139
54 岁	5%	118796
55 岁	5%	124736
56 岁	5%	130972
57 岁	5%	137521
58 岁	5%	144397
59 岁	5%	151617
60 岁	5%	159198
61 岁	5%	167158
62 岁	5%	175516
63 岁	5%	184291
64 岁	5%	193506
65 岁	5%	203181
66 岁	5%	213340
67 岁	5%	224007
68 岁	5%	235208
69 岁	5%	246968
70 岁	5%	259317
71 岁	5%	272282
72 岁	5%	285896
73 岁	5%	300191
74 岁	5%	315201
75 岁	5%	330961
76 岁	5%	347509

续表

年龄	通胀率	年度开销（元）
77岁	5%	364884
78岁	5%	383129
79岁	5%	402285
80岁	5%	422399
小计		7610386

上表仅仅只是开支项，未包含收入项，但足以说明问题。由上表可以看出，以较为保守的5%作为通胀率来规划计算，那么后40年总计需要开支761万元，这个数字是40岁时家庭年度开销的126倍，是40岁时家庭年收入的76倍。如果以3%的通胀率计算，数额从761万元变为约466万元，但也是一笔不小的数字。

那么问题来了，假设我们40岁时已经攒够了761万元，不考虑投资收益（可能赚也可能赔），且今后的40年依然保持现有的消费水平，那么我可以不再工作，纵情于山水吗?

当然不行！还有两个重要风险！

第一种情况，我的寿命高于预期，假如我实际能活到90岁，那么到80岁时已经花光了所有的积蓄，那时该怎么办？还有人愿意聘请我这个80岁的老头吗?

第二种情况，可能大多数人没有考虑过，**就是发生恶性通货膨胀的可能性**！我们通常以自己周边的（距离短）、刚发生过的（时间短）参照物作为原材料，来进行分析和决断。所以当我们生活在较长时间的温和通胀之下，就会忽略发生恶性通货膨胀的可能性。各个国家、各个时期都有恶性通货膨胀的例子，远有古罗马，近有津巴布韦，而我国1990年前后也发生了一轮恶性通胀，记得当时的肉包很快就从1毛/个涨到5毛/个。

恶性通货膨胀通常伴随经济危机而来，即使是有着丰富经验的经济学家，也无法预料何时会发生恶性通胀，以及将持续多长时间，甚至无法提前预测通胀的幅度。如果遇到这种情况，那么前面的所有演算都必须推倒重来。

40 年时间很长，谁也不能保证这期间会发生什么。当恶性通胀以摧枯拉朽之势稀释我们的财富时，你敢说自己还能财务自由吗？

财务自由需要满足哪些条件？

前面我们已经探讨过，如果财富以纯货币的形式储藏，很容易受到通货膨胀（特别是恶性通货膨胀）的侵蚀。**要达到财务自由状态，财富必然有很大一部分以资产的形式存在。**

【还记得吗？】

货币只是财富工具，不是财富本身。

资产在一定程度上可以抗通胀。比如说房产，即使货币贬值了，但一套房子还是一套房子，它不会缺一个角也不会少一块瓦。股票与之类似，但具体情况又复杂许多①。如果将一份股票看作是上市公司的一个细胞，那么只要上市公司的生产获利能力不受货币贬值影响，则我们持有的股票也不会受影响。

不论持有何种资产，在考虑通胀影响后，只要财产性收入能够常年覆盖生活开支，即可看作是财务自由。此时哪怕进水管不再往财富蓄水池里注水，我们依然可以依靠蓄水池中已有的财富，通过“钱生钱”的游戏来保持充盈的水量。

$$P\times(r-m)-Y>0$$

P 为本金，r 为投资回报率，m 为实际通胀率，Y 为生活开支。

---

① 通胀对不同类型股票的影响是不同的，这在笔者的《投资第一课》的第八章第三节中有详细论述。

需要注意 r 和 m 是变化波动的，尤其是不同资产结构下 r 的波动性差距非常大。例如股票市场中，今年赚 50%，明年却亏 40% 的现象很常见。建议对投资回报率的长期预期，不超过复合年化 15%（这已经是一个很了不起的成绩）。

对于普通的投资者来说，假设长期投资复合回报率为 8%，实际通胀率约为 5%，家庭平均年开支仍约 6 万元，则

$$P \times (8\% - 5\%) - 60000 > 0$$

$$\text{解出 } P > 2000000$$

200 万这个结果，比之前的 761 万要好很多，**这其中的差异主要在于是否对财富进行合理规划**。但对于年开支约 6 万元（中等偏低），且没有买房、买车等大块资金消耗的家庭来说，200 万元真的就可以财务自由了吗？显然这也是不够的，因为家庭财务结构的抗风险能力很弱，只要投资收益率、通胀率、生活开支中的任何一项出现变动，都会改变财务状态。即便我们的投资能力较强，投资收益率和通胀率都很稳定，也难免在生活中遇到突发性大项开支（包括自己或亲人的重大疾病）。

人生很难预测，如果真正要达到财务自由，必须在上面的演算中加一个很大的保险系数。到底拥有多少财富才能财务自由，一千万能财务自由吗？两千万行不行？

财务自由是一种精神状态

财务自由没有确定统一的标准。只有当财产性收入远大于生活开支时，并且足以抵抗一定的事故性风险，才敢说是财务自由。对于大部分中青年人来说，财务自由状态是一件令人奢望的事情。而对于八九十岁的老年人来说，财务自由已经没有多大意义，毕竟 60 至 65 岁就已过退

休年龄，八九十岁时已经丧失劳动能力。

财务自由本身的意义，是指我们不用因为金钱（财务）问题，而受到工作的束缚。如果一个人的财产性收入，大于其可接受的最低生活开销水平，那么暂且称之为“财务小康”状态。当达到财务小康水平后，我们的精神状态也开始起变化。

【自由】

面对外行指挥内行，又经常给你穿小鞋的上司，却不得不唯唯诺诺，你对自己的工作满意吗（感兴趣吗）？你有“世界那么大，好想去看看”的冲动吗？

当财务状况捉襟见肘时，我们身上捆绑了太多的束缚。也许有一份你更感兴趣的事业摆在你面前，但是你没办法抓住，因为家中还有嗷嗷待哺的婴孩，你的财富蓄水池中蓄水不够，进水管就像直接安装在排水管上，哪怕只是断开很短的时间，也会有被扼住喉咙的窒息感。

我身边有许多同事，他们在自己不喜欢、不擅长的工作上干耗着。他们机械地忙碌着，不是团队中的活力细胞，而更像细胞的化石——燃料。**人很难在自己不感兴趣的事业中获得成功，即使成功也得不到成就感**。由于缺乏进取的欲望，往往是得过且过，度日如年。即便如此，他们还必须时刻操心着，如何端稳手中的饭碗。

网络上有一个笑话，却道出了人生的辛酸。

问：“养羊为了什么？”

答：“为了卖钱。”

问：“卖钱了以后干什么？”

答：“娶媳妇儿。”

问：“娶媳妇儿了以后干什么？”

答：“生娃。”

问："生了娃可以干什么？"

答："放羊。"

"为了吃饭而劳作，因为不劳作就没饭吃。"看到这里你或许更加明白，为何说许多人日复一日地充当着燃料，被动地驱动自己，燃烧自己。

财务自由也好，财富小康也好，并不是为财富本身，而是为了让自己的精神不受财富的束缚。而要追求精神自由，我们可以从慢慢买资产开始。

慢慢买资产

在盘算财务自由需要多少财富时，你应该已经看出了其中的奥妙。就财务自由的定义而言，就是财产性收入超过生活开支。那么在财务自由的路上行进，**首先你得慢慢买资产，然后才会有财产性收入，否则一切都是空中楼阁。**

当普通人还只顾着购买零食、鞋包等消耗品时，你应该着手慢慢买资产。一个是出，一个是进，随着时间的推移，这个差距会越拉越大。消费型时间享受了就没有然后了，而投资型时间可能在未来给予你回报。同样的，消费品刚付完账单就立马贬值了，而投资品则在未来给予你增值回报（可能）。之所以有"可能"二字，是因为任何投资都无法完全排除损失的可能性（风险）。

像精心挑选一件晚礼服那样，慢慢挑选和购买资产吧，让财富慢慢积累，让收益覆盖风险，让资产给你的财富做指数运算。

第六章

盘点资产负债表

如何列出自己的资产负债表?

公司在法律上被称为“法人”，指的是具有民事权利能力和民事行为能力并独立享有民事权利、承担民事义务的社会组织。如果将每一个自然人看作一个独立的组织（这个组织中只有一个人），那么财务报表完全可以在我们自然人身上套用。财务会计有三大表，分别是资产负债表、现金流量表、利润表。其实我们常见的生活开支记账单，就是一张简单的现金流量表。

在进行财富管理时，我们无须成为一名专业的会计。因此先抛开繁杂的会计科目和勾兑，先来了解其中对我们最有帮助的资产负债表。

资产负债表有三大块，资产、负债、股东权益。资产指的是我们所拥有的物质财富，如金钱、房产、汽车、股票等；而负债顾名思义，是我们欠了别人的，需要到期偿还的，如房贷、信用卡欠款、亲朋好友借款等。容易变现的资产称为流动资产，反之为非流动资产；近期要偿还的负债称为流动负债，反之为非流动负债。最后，资产减去负债后的净额，就是股东权益，也就是我们实际所拥有的财富。

了解完一些基本概念以后，我们很容易将自己的资产状况列成一张资产负债表。我们将资产放在表格的左侧，将负债和净资产放在表格的右侧。变现能力强的资产放在前面（流动资产），近期要偿还的负债放在表格的前面，即得出一张简单的资产负债表，示例如下。

表 6-1　小李的资产负债表　　单位：元

资产		负债	
流动资产		流动负债	
现金	3000	信用卡透支	1500
活期存款	10000	股票融资（借款）	50000

续表

资产		负债	
货币基金	60000	消费贷	20000
定期存款	25000	房贷（近期偿还部分）	48000
一年内到期债券	30000		
非流动资产		非流动负债	
股票	400000	房贷（远期偿还部分）	700000
长期债券	50000		
住房一套	1600000		
SUV 汽车一辆	150000		
小计①	2328000	小计②	819500
净资产（①减去②）		1508500	

【试一试】

试着列出你自己的资产负债表。

资产部分

我们从上表的左边，来看看资产部分情况：

（1）现金是重要的支付手段，日常生活离不开它。但现金不能产生任何收益，而且安全性较差（易被盗）。建议现金持有量以满足现金消费为主，保持半个月至一个月所需即可。尽量减少以现金作为财富储藏手段，任何时候都尽量避免持有大量现金。如果可以，尽可能采用刷卡的方式消费。

（2）活期存款和定期存款，是普通人最主要的理财手段之一。存款的兑付方是银行，因此安全性较高。2015 年开始实施存款保险制度，单个储户在单个银行的保险额为 50 万元。如果担心银行的抗风险能力，可以分散存放（不超过 50 万元即可）。但是需要注意，存款的收益率不高，抗通胀能力很弱。

（3）货币基金兼具流动性好、风险低的特性，收益率一般略高于银行存款。目前许多货基支持 7 天 24 小时实时提现，以及信用卡还款等功能，是现金管理的重要工具。

（4）债券根据到期日的不同，分别划入流动资产和非流动资产。债券的到期日距今越长，受到市场利率波动的影响也越大。这个在后面的篇章中还将继续探讨。

（5）股票也是比较常见的投资项目。股票为何是非流动资产，卖出股票不是很方便吗？的确，单从交易的角度看，股票的买卖非常方便。但是，股票的价格经常偏离其价值。你有一套价值 100 万元的房产，有人出价 50 万元购买，你可能理都不会理他。但是这种情况，在股票市场却每天都在发生。有人出价 5 元就能买到价值 10 元的股票，也有人出价 50 元卖出价值 8 元的股票。虽然我们在买入股票时，应当趁低估买入，但低估之下还有更低估，有时甚至三五年也等不到股票的价值回归。因此从投资的角度来看，股票一旦买入就应当做好长期持有的准备。

（6）住房既是投资品，也是消费品。住房可以自己消费（自住），也可以借出（出租）并获取一定的资产报酬。此外，住房价格的涨跌也会影响持有人的资产总额。由于房地产是实物资产，而且是耐用消费品（折旧慢），所以房地产有一定的抗通胀能力①。

（7）汽车也是资产大项之一，但是汽车是消耗品，购入后即刻就开始贬值。汽车提货后，哪怕仅仅只是围着 4S 店兜了一个圈，它也已经是二手车，只能八折销售。我们的资产表中，并非所有资产都会给我们带来投资收益，有的甚至还会继续吸纳我们的财富。例如汽车档次越

① 房地产泡沫严重时，房价过高并可能下跌——此时的房地产不仅不能抗通胀，反而可能遭致损失。

高，后期的维护成本也越高。再如房屋购买后并没有完事，后期还需要投入装修费用，物业服务费用，有时还必须购买配套的车位等。

负债部分

我们从表格的右边，来看看负债部分的情况：

（1）信用卡是很好的现金管理工具。采用信用卡刷卡不仅可以减少现金持有量，还可以获得最长 50 多天的免息期。但如果采用分期付款或预借现金等透支方式，则面临高达年化 16% 至 18% 的借贷成本。

（2）股票融资，也称“上杠杆”买股票。股票融资后，半年内需要买卖一次（卖旧续新），届时不一定还能保持原来的杠杆比率。

（3）银行消费贷，利率较高但低于信用卡借款，贷款利率一般 8% 至 10% 左右（2016 年）。

（4）房贷，也称按揭贷款。房贷是普通人可以较为方便借到的长期低息贷款，最长期限可达 30 年。除开房贷以外，普通人很难借到其他长期借款。对于房贷，建议不要急于提前还款，我们需要做的是努力学习投资知识，将自身的投资收益能力提高至房贷利率之上。

资产负债表规划的基本原则

资产负债表其实就是我们的财富蓄水池。

如果收入大于开支，那么我们在往资产负债表的左边堆积财富。如果开支大于收入，要么我们在消耗表格左边的财富，要么在堆积右边的债务。

首先，要重点关注的是表格右上角的流动负债。流动负债是短期内就必须偿还的债务。在规划流动性负债时要注意近期还款来源：要么表格左上角有一部分流动资产与之对应；要么近期的收入可以覆盖流动负债。如果我们不能做到两者之一，就会发生尴尬的情况：或从表格左下角的非流动资产想办法（变卖资产），或从表格右边的债务想办法（借入更多的债务，借新还旧）。如许多人用信用卡循环套现，结果就是债务越滚越大。

其次，我们来看看表格左上角的流动资产。流动资产的特点主要是流动性好、风险低、收益率低。因此我们注意几点：一是流动资产的主要目的不是获取投资收益，而是满足生活所需（流动性好），它比较适合风险极度厌恶者（风险低）。但如果大量资产停留在流动资产这一项，是很难获得较高回报的。二是如果有足额的流动资产，应当考虑削减流动负债中的有息负债，因为前者的收益率很难超过后者的借款利率。例如，表格中的短期消费贷完全没必要借入，因为左边还有大量的存款、货币基金等流动资产。三是对于收入或支出情况波动较大的人来说，应当准备更多的流动资金。波动情况包括：收入端（如销售人员）波动频繁；支出端（如近期可能面临买车、结婚等）有大项开支等。

再次，表格左下角的非流动资产，是投资收益的主要来源。当然这其中也会有一些汽车等消费品。需要注意，只有短期内用不到的资金，才能置换成股票等非流动资产，否则就是“以短持长”。**以短持长是资产配置时应当尽量避免的情况**。例如半年后用于买房的资金，就不适宜购买股票，哪怕是估值再低的股票也不行。虽然长期看股票的价格必然围绕其价值波动，但短期的涨跌谁也说不准。

最后，右下角的非流动负债。如果投资能力较强，可以确保投资收益率高于借贷利率，可以用非流动负债搭配非流动资产。例如 100 万元的房产，首付 30 万元左右，剩余 70 万元投资于股票。在选择股票时，重点考虑利润和分红稳定的股票，用出租房子的租金和股票的分红去覆盖房贷月供。只要股票的投资收益率大于按揭贷款的利率，那么这种搭配方法就能获得正效应。①

【盘点】

盘点一下自己的资产负债表，看看存在哪些不合理的地方，是否可以进行调整？最后将总资产减去总负债，计算一下自己的净资产。

表外资产及负债

在财务会计中还有一类“表外项目”。例如，A 公司给 B 公司的债务担保，就是一笔表外项目。它没有被列入资产负债表中，但如果 B 公司无法到期偿还债务，A 公司就要担负起清偿债务的责任。

对于自然人而言，同样有种种表外项目。还是孩童时，我们没有收入来源，但我们不会饿死，因为父母会往我们的蓄水池中注水，因此这是一笔表外资产。而当我们长大成人后，又必须往下一代的蓄水池中注水，这又是一笔表外负债。

表外资产是我们人生的一大财富，主要的表外资产有：

（1）时间（生命）。还记得第三章中小明拿时间与金钱交换的例子吗？小明正是用属于表外资产的时间，置换成了现金。工薪族上班拿工资，也正是拿时间和劳动换取金钱。同样的道理，金钱也能换时间，如在出行时放弃长途大巴而改乘飞机，虽然花了更多的钱但节约了时间。

（2）劳动能力，包括脑力劳动和体力劳动。不仅是受雇佣的岗位才涉及劳动报酬，即便是创业的收益也包含了一部分劳动所得（还可能有一部分资本回报）。每个人的劳动报酬率是不同的，投资型时间的积

① 《投资第一课》第二章第二节中有类似的案例。

累有助于提高劳动报酬率。

（3）亲朋好友的资助。一生中除了无私的父母外，还有许多其他亲朋好友会帮助我们。他们有时提供资金，但更多时候提供的是机会，人脉资源说的就是这一块。

我们处于社会体系中，不可能只是索取没有给予。表外负债则记录了我们的一些义务：

（1）疾病。这一项与时间（生命）对应，疾病可能会减少我们的时间。因此，当我们不慎染病（特别是慢性疾病）时，就不得不消耗资产负债表左边的财富，要么是金钱，要么是时间（生命健康）。

（2）赡养老人、养育小孩。这都是我们每个人应尽的义务，它会消耗我们的财富，形成开支。

（3）其他。如人情，当朋友找你帮忙的时候，你得考虑是否伸出援手，这是一项表外负债。又比如说突发性不利事件，失火、被盗等。

表外资产和负债有时比较抽象，无法用数字具体衡量。如果你愿意，还可以将精神感受（精神财富）也加上去，把你千丝万缕的社会关系也加进去。你拥有的，是资产；你欠别人的，是负债。

继续雕琢资产负债表

纵观我们的一生，其实就是雕琢资产负债表的一生。我们拥有的一切，都可以往资产负债表上罗列。要想具体列出所有子项目是很难的，远比本书中的示例复杂得多，它包括了你的一段友情、爱情，也包括昨天刚买的一双新袜子。

一个人刚出生时，资产负债表里干干净净，此时拥有最多的就是时间（生命）。慢慢地，我们消耗着时间，去学习走路、吃饭、说话……乃至各种知识和技能。资产负债表上的时间慢慢减少，而我们的知识和技能则慢慢增加（投资型时间），当然也还有一些时间花在玩耍上了（消费型时间）。

我们不断消耗着资产负债表上的时间，同时一些劳动能力也会被记录在表上。如果这些技能有人埋单，那么我们可以用“技能 + 时间”去换取金钱，当然有时我们也给自己发工资（创业）。因为技能不同，不同人所获报酬的差别也很大。如果除掉开支后的收入还有大量剩余，我们还可以把留存的金钱换成各种投资品，也就是把表格左上方的流动资产置换成左下方的非流动资产。投资品（包括创业开设的公司）可以给我们创造资本收益，财富差距也因此越拉越大。

投资能力较弱、风险厌恶型投资人，选择安全性高收益率低的银行存款；而投资能力强、进取型投资人（或创业者），他们获取回报的能力更强，愿意承担适当成本的负债，于是银行将贷款发放给他们。

……

一张资产负债表，可以展示一个人的财务状况、时间管理、创造财富的能力、风险偏好等。资产负债表是一张静态表，随着时间的流逝，我们一生的活动不停地改变着这张资产负债表。我们将一项资产换成另一项资产，比如“劳动时间 + 技能”换成金钱。与此同时，我们有时也通过举债来增加资产（如贷款买房），或者将旧的负债置换成新的负债。

人类所有的活动，都是在雕琢自己的资产负债表。

第七章

投资的风险性、收益性、流动性

面对风险，我们该注意什么？

当你看到“风险”两个字，你首先想到的是什么？

普通人对“风险”的理解停留在“不好”的一面。例如，出海打鱼可能遇到暴风雨，这个算风险。据说“风险”这个词最早就出自古时的渔民，因为他们意识到有“风”就会有“险”，风暴可能会将船只击沉。但另一方面，渔民不出海打鱼就没有收入来源，不解决这个问题，就可能被活活饿死。

上世纪八九十年代，改革开放浪潮席卷中国。当时不少人捧着公务员、国企职工的“铁饭碗”，却选择离职下海。他们之中有不少成功人士，如今已经是亿万富翁。换个角度想，不可能人人都成为亿万富翁，还有不少失败者，当然更多的是普通人。如果当年选择下海，就必须辞掉稳定的工作，下海后一定能混得好吗？如果混得不好又会怎样？这些都是风险。

【试试看】

试着跟你的父母、爱人、朋友提及某某东西有风险，看看他们会对风险表达什么态度？

于我而言，我更喜欢将“风险”看作“不确定性”。正如上文讲的下海，你可能会成就一番大事业，也可能小富即安，更可能碌碌无为，这就是一种不确定性。如果你不愿面对风险，那么你可能本身正处在风险之中，只是你尚未意识到。

现时的社会，也有许多人更愿意选择一份“稳定”的工作，尽管这份工作的收入低得可怜。他们可能无须面对到处找工作的苦恼，但却

“一张报纸一杯茶”地消耗着自己的时间（还记得时间这项重要的“表外资产”吗）。闲散的工作或事业降低了人们的抗风险能力，因为他们无法在风浪中得到磨炼。对于温室中的花朵而言，一旦人生面临动荡，将会不知所措。

【须知】

浪费生命也是一种风险。

真正危险的并不是风险本身，而是不知道风险在哪。上世纪90年代中后期，国企迎来下岗潮。因担心风险而放弃下海的那一部分人，实在无法想到，曾经的“铁饭碗”有朝一日也会摔翻在地上。

人活在世上，必然面对许许多多风险。我们的重点不是畏惧风险，而是识别风险、应对风险。举个很简单的例子，有人认为乘坐飞机很危险，经常看到新闻中报道飞机失事。但实际上，飞机的事故率远低于汽车，这个是有统计数据支撑的。汽车出事后，并没有新闻大肆报道，但这并不意味着乘坐汽车更安全。不论是飞机，还是汽车，都存在风险。重要的是理性地去识别这个风险，而不是畏惧风险。我们不会因为交通工具有风险，就终身采用步行环保出行①。虽然这个道理大家都懂，但放到投资理财上来，却无法保持同样的冷静。

对于许多人来说，最常见的、也可能是唯一的理财方式，就是银行存款。根据央行的数据，截至2015年末各类存款已经高达140.9万亿元。对于老年人来说，银行存款可能是非常好的一种理财方式。因为大多数老年人没有其他投资理财经验，而步入老年后又缺乏稳定的收入来源，所以老年人无法承受太多的风险。但是对于年轻人来说，如果因畏惧风险而将所有资产置于银行存款之中，也将失去在其他金融风险中磨

---

① 遗憾的是步行也有风险。2013年长沙就发生了雨天路人不慎掉入下水道溺亡的惨案（据说是路边的井盖被雨水冲走了），震动全城。

炼的机会。虽然表面上看避免了损失的可能性，但却遭受着通货膨胀的侵蚀，财富不仅没有增长反而不断缩水。因为年轻人的剩余寿命更多，所以他们的资金受通货膨胀的影响更大。这本身也是风险，只是许多人并未意识到。再次提醒，重要的不是风险本身，而是不知道风险在哪里。

前面我们提过，钱生钱的游戏是指数运算。除了本金数量外，指数运算还有两个重要参数，一个是底数（长期投资回报率，投资能力），一个是指数（时间）。长期投资回报率越高，所经历的时间越长，那么最终所获得的回报也将越多。另一方面，年轻时如果不尝试一些风险更高的投资，等到年老时才发现自己不具备应有的金融知识和经验，而且已经“输不起”，那么最终会浪费了时间这个关键因素。

【尝试】

即使你还处在事业奋斗初期，没有多少资金可用于投资，也不用泄气。对于你来说，重要的不是投入了多少资金，而是你已经走在投资的路上。不管怎样，你可以尝试着买入一笔“高风险”的股票，亲身体验一下风险的滋味。有资金在里面，和纸上谈兵完全是两回事，它会激励着你去想问题。在我们一生中，投资总会遇到各种风险，越早面对风险，犯错成本反而越低。

风险的另一面，收益

收益是与风险对应的一个词。不确定性有两种可能，一种是往好的方向发展，一种是向坏的方向发展。通常我们把坏的发展方向，称之为风险，而收益则刚好是另一个方向。

我们要做一件事，会首先看看自己能得到什么（收益），再看看需要付出什么，以及可能会失去什么（风险），然后才着手去做这件事。对于创业者来说，在创业之前也都需要评估它的收益和风险。我们工作生活如此，可是一旦放到投资理财上来，许多人却没有思考那么多。

与一味畏惧风险相似，另一种不可取的投资态度，就是只看到收益，急不可耐就冲进去，其他什么都顾不上了。可以说大多数人投资股票，都是在这样一个背景下开始的。在股票牛市的中后期，市场上充斥着“赚钱效应”，因为前面买了股票的人都赚钱了，这个示范效应一传十，十传百，刺激着周边的人。中国古时有个成语叫三人成虎，一个人说大街上来了老虎，没人相信；两个人这么说，大伙儿开始疑虑；如果三个人都这么说，那么大街上肯定是有老虎了。与之类似，当周边的人一个一个从股市里“赚”到钱以后，原来认为股票有“风险”的门外客，也一个一个放下了心中的防备，冲了进去。这时候，人们往往只看到收益，却忘记了风险。

许多人进入股市是因为牛市赚钱效应的带动，但一轮牛熊下来，大多数人无法赚到钱。当人们眼中只看到收益时，风险却在逐渐累加。说不清什么原因，牛市就戛然而止——可能仅仅是“赚钱效应”金字塔式的扩散无以为继，它找不到更多的傻瓜来接盘。股市转熊并开始下跌，但人们还沉浸在赚钱的美好愿景中，他们看不到风险，因此也来不及跑掉。

在我们的生活中，许多人直接或间接接触过高利贷。我之前看过许多新闻节目，采访高利贷链条断裂后的人和事。有时一个城市成片成片涉及高利贷，有时甚至整个县城都被高利贷席卷一空。采访时，谈及为何会将钱借出（多借给亲戚朋友），受访者多表示借钱的人以前信誉一直很好值得信任，或者表示这么多年了一直没出过事，就没想那么多了。但其实还是高额的利息（收益）让人迷糊了，只看到收益，忘记了风险。不论是做生意还是做投资，回报率都很难长期超过高利贷的利率，借入高利贷的人多是拆东墙补西墙，一旦资金链断裂后果可想而知。某个人你觉得信誉很好，因此愿意将钱以高利借出。但其实他可能也只是中间人，他将各处的资金归集起来再借给下家。高利贷的链条一旦崩断，并不是他不想继续维护良好的信誉，而是下家无法偿还巨额资金。

收益与风险，只盯着收益叫贪婪，只盯着风险叫恐惧，两者都不可取。投资理财时，最难能可贵的是一颗平静的心，只有平静的心才能理性地看问题。其实人与人之间的智商差距并不大，一旦心智被情绪左右，就无法理智地看问题——要么过于贪婪（只看到收益），要么过于恐惧（只看到风险）。

【三人成虎】

假如有人跟你说，发现一个很赚钱的路子，保证100%赚钱，你首先想到的是什么？假如两个、三个人都这么说，你会怎么办？

收益还是风险，关键在概率

几乎所有的金融产品都同时具有收益性和风险性。但不同金融产品向收益性和风险性两边波动的幅度是不同的。这个波动程度激烈的可能性（概率）越大，即是不确定性越高。

对于不确定性较低的金融产品而言，其风险性和收益性也都往往较低。例如银行存款的风险性非常低，而收益性非常稳定。银行按预定的利率支付利息，这个利息不会多也不会少。即使银行破产，单个账户50万元以内的存款也可以得到存款保险的赔付。所以我们很容易预测一笔定期存款到期后可以获得多少收益，因为它的不确定性实在太低了。

而对于不确定性较高的金融产品而言，则可能出现较大的损失，也可能出现较大的收益。关键的问题就在于，我们无法事先预知它最终会抛出硬币的哪个面。之所以无法预测最终结果，全因不确定性高。

【俗语】

“双鸟在林不如一鸟在手。”① 你认同吗？但如果是一万只鸟在林VS一鸟在手，该如何呢？

古语有云：“谋事在人，成事在天。”比如老陈开公司，那么在公司运营的过程中，老陈自己的智慧与努力就是成功与否的一个重要方面，老陈甚至还通过激励制度将公司的全体员工绑在一起。但是这样仍然是不够的，许多外部条件也起到了重要作用，如大经济环境，神一般的竞争对手等。但即便如此，对于公司的发展，老陈自己仍然是使得上劲的。

但对于投资理财来说，投资者常常对某件事物的最终结果完全使不上劲。**投资者能做的，是随着时间的推移去预估各种可能性，然后选择进入还是逃离这个机会（风险）**。假设还是老陈的公司，它是一家上市公司，因而投资者得以买进或卖出它的股票。大多数投资者能做的事情，是观察和判断，并做出选择——是买，是卖，还是不理它？②

曾经雄心勃勃的老陈，哪怕上市公司在他的带领下壮大成行业第一，他也可能在今后的某一天突然进取心消退，上市公司的市场份额不断被竞争对手蚕食。未来充满了各种不确定性，投资者无法100%肯定未来的结果。对于大多数投资者而言，只能通过市场数据、企业动态、管理层言论等去做判断，无法越俎代庖。

与此类似，某一只债券最终是否会出现违约，投资者可以通过许多

---

① 不确定的两只鸟，不如确定的一只鸟。

② 除非投资者大量持股，可以做出改选董事会等关键决定，否则对上市公司的发展方向起不到什么作用。

迹象去预估和决断，如发债公司的资产负债表、所处行业的景气度等。但如果最终这家发债企业不幸倒闭了，无法偿还债券，这个事态的发生是投资者难以阻止的，投资者所能做的只能是通过后期清偿，尽可能挽回损失。

对于不确定性较高的金融产品而言，一方面我们无法确定其最终结果，另一方面我们又不能发挥主观能动性，这岂不是很被动？如何处理收益性与风险性之间的矛盾？

其实投资者也并非毫无办法。首先我们要做的是预估收益性和风险性各是多少，紧接着预估两者发生的概率各是多少，然后**选择站在赢面大的一边**[①]。比如说某个债券近期因为行业内的危机而大跌，但这其实对发债公司的影响不大，更何况这只债券还有政策性银行给予担保。当其他人因行业危机而纷纷抛售时，这只债券价格应声下跌，收益率随之上涨[②]，而风险端已经被担保方锁定，这时你会发现硬币掷在收益一方的可能性更大。

从概率方面去理解风险和收益，才是正确的投资思路。投资中并不因为风险就望而却步，也不因为收益就迫不及待。我们在许多价值投资的书籍中，经常听到“护城河”一词，实际指的就是上市公司可持续的竞争优势，这个竞争优势使得投资的概率偏向赢的一方。

关注流动性，不要倒在黎明前

与收益性和风险性一样，流动性是金融产品的第三个重要特性。

收益也好，损失也罢，并不是今天投资，明天就一定可以得到结

① 不论是收益、风险，还是概率，都很难量化。所以有投资名言：“宁愿要模糊的正确，也不要精确的错误。”

② 债券价格如果下跌，则到期收益率上涨，这个在后面的章节还将详细讲解。

果。**流动性指的是金融资产在多长时间里能够以合理的预期价格变现的能力**。流动性越好，越适用于短期投资，反之则适宜长期投资。

之所以造成流动性问题，主要原因有：

一种是因为交易对手少①，交易耗时长，或交易费率较高，投资者不会经常将其变现。例如房地产，要找到合适的买家通常需要一个月以上的时间，而且在买卖时还有契税、中介费、营业税②等各项费用。

一种是因为交易或赎回的时间受到限制。例如许多私募基金在长达一个月甚至半年的时间里，只开放一次申赎窗口，封闭期间无法变现；还有一些信托产品或资管计划，在产品到期前无法赎回和交易。

还有一种，则是因为金融产品的不确定性大，不同投资者对价值的估量存在较大分歧，使它的价格可能长期偏离实际价值。这可能使部分投资者在较长时间里无法以自己预期的合理价格变现。

一般而言，流动性好的金融产品，不确定性也小（收益和风险都小，偏离价值的程度小）。反过来思考，假如金融产品的不确定性大，即它可能往收益或风险任意一方大幅偏离，那么它自然很难在短期内以合理的预期价格变现。通过不确定性的大小，很容易判断各种金融产品的流动性的好坏。

前面我们讲到了流动资产和非流动资产，说的就是金融资产的流动性问题。对个人投资者而言，必须规划好自己的现金流（收入与开支），认真审视自己的资产负债表，将各项资产和负债的流动性搭配好。

投资中还有一个词叫“流动性风险”，指的就是流动性管理失误继而出现损失的可能性。当你对流动性的需求较为强烈时，收益和风险的重要性就退居二线。例如对于一款货币基金而言，许多朋友喜欢去比较它的历史收益率，并从中挑选一只收益率较高的货基。但其实我们更在

---

① 某些交易所债券可以一整天零成交。

② 现行法规，持有两年以上可免缴营业税。

意的应当是它能否快速提现，以及快速提现的额度限制是多少，能否满足日常需求等。

不可能完成的任务

对于形形色色的金融产品来说，我们不得不在收益性、风险性、流动性之间做出取舍。不可能存在这样一款金融产品，具有最高的收益性，最低的风险性，最好的流动性。

注意这里的三个“最”字。一款比另一款（而不是所有的）金融产品具有更高的收益性，更低的风险性，更好的流动性，现实中这种情况是有可能阶段性发生的，它可能由购买门槛受限、信息不对称、认知能力不完整等因素造成。

但是反过来说，是否会有某款金融产品具有最低的收益性、最高的风险性、最差的流动性呢？你还别说，在某些阶段还真有。在巨大的资产泡沫破灭前，例如上世纪 80 年代末，日本的股市及房地产泡沫开始崩盘。如今将近二十五年过去了，日本的股市和房地产仍未回到当初的位置，真是一套三十年——这还没计算通货膨胀的影响。

为何会造成这种情况？这是投机的力量在作怪。对于某一个特定的投资产品而言，在其基本面[①]未发生改变的情况下，价格升得越高则隐含的内在收益率反而会越低。但是，当资产价格越涨越高时，投机力量认为它还将继续上涨——虽然它已经明显物非所值，但没关系，投机者只要找到一个更笨的愿意接手的傻瓜就行。这种做法的最大风险，就是在舞曲结束前没来得及找到接手的傻瓜，自己就是那个

① 基本面是与技术面相对应的一个概念。前者主要包括各种宏观、微观分析，偏向事物的本质。后者认为事物的本质都已经包含在价格波动之中，并用历史价格波动去预测未来价格走势。

最后的傻瓜。

只有在投机属性较强、不确定性高的金融资产上，才可能发生这种情况。在确定性很高的金融资产上，无法催生投机力量——很少有人将货币基金、国债的价格炒上天。

【小心】

小心资产泡沫！在泡沫逐步堆积的过程中，追进的人只看到收益而忘记了风险，很可能将自己置于危险的高地，多年财富积累打水漂。只看到收益的人以为只要价格上涨就是收益，但其实随着价格升高，隐含的内在回报率反而不断在降低。投资是低买高卖，而非高买高卖。

第八章

货币基金：存款替代品

货币基金是个什么玩意?

2013 年 6 月，一只货币基金开始走进千家万户，并且很快成为世界上规模最大的货基。在此之前，大多数人并不知道货基是个什么玩意儿，甚至包括许多资深的投资者。

在此之前，普通人的投资理财选项里还保留着许多旧式流动性管理工具，例如每个月存入一笔一年期的定期存款，这样一年后每个月都会有一笔定期存款到期。如果届时仍不需要使用资金，则继续转为一年期的定存。经过简单规划后，部分用于日常开支的流动资金可以获得更高的定期存款利息。

这种流动资金的管理办法，虽然收益率高于纯粹的活期存款，但是请注意，在期间任何一个月，都只有一笔资金可供支取，而其余 11 个月的定存已经被锁定。好在提前支取定期存款没有太大的损失，只是本应按定期利率计算的存款，改为活期利率计算而已。

2013 年 6 月开始，越来越多的人认识了另一款更方便的流动性管理工具，虽然许多人仍然不知道它是一款货基——它就是“余额宝”，喜欢网购的人都知道。将钱“存”（申购）进去后，它每天都给你计算“利息”，而且“利息”的数额远超定期存款。当你需要使用资金时，可以将钱“取”（赎回）出来，两个小时内即可到账（可绑定银行卡）。

其实在余额宝之前，货币基金就已经存在。只是余额宝借助淘宝、支付宝的平台，在推广上如虎添翼，从而普及了货币基金。那么货币基金究竟是怎样一种基金？是投资人民币、美元、英镑等各种货币的基金吗？当然不是！准确地说，**它应该是“使用起来像货币一样的基金”**。

货币基金的运作方式是这样的：大家伙儿各自有一些零散的资金，

都集合到基金公司这里来。你一百，我一千，积少成多，溪流入海，最后到基金公司手里可以汇集上亿元的资金（规模大的甚至有数千亿）。基金公司将这些资金拿去投资，产生的收益返还给大家伙儿，并从中收取一小部分的费用①（管理费、销售服务费、托管费等）。由于基金公司归集起来的资金很多，所以它甚至可以跟银行谈判，拿到更高利息的同业存款，有时提前支取这些存款还不收罚息。在货基的投资者中，每天都有人需要用钱，也每天都有人往里“存”钱，两者相互抵消了一部分。另外，货基手头上还准备了一些现金和活期存款，以应对净赎回②。

回过头来看，你会发现货基的运作方式和银行很像，银行也是把大家伙儿的钱集中起来，存钱的和取钱的抵消掉一部分，库中准备一些现金应付净取款。只是银行拿到大家伙的钱以后，用于放贷款或购买债券等。而货币基金不能放贷款，它只能投资在风险更小、流动性更好的一些投资产品上。

【动动手】

如果你还没有购买过任何货基，那么可以尝试着买一点，看看到底是怎么回事。

货币基金安全吗？

货币基金会投资在哪些项目上呢？到底安不安全？我们打开余额宝对应货基的财务报表，可以看到以下一段文字：

---

① 不同货基的三费差别很大，普遍而言早期成立的货基费率更高，投资者可以在基金公司官网查询。货基收益是扣费后收益，所以对于投资者来说费率低的货基就赢在了起跑线上。

② “取”钱的比“存”钱多时。

> 投资范围为现金、通知存款、短期融资券、1 年以内（含 1 年）的银行定期存款和大额存单、期限在 1 年以内（含 1 年）的债券回购、期限在 1 年以内（含 1 年）的中央银行票据、剩余期限在 397 天以内（含 397 天）的债券、剩余期限在 397 天以内（含 397 天）的资产支持证券、剩余期限在 397 天以内（含 397 天）的中期票据及中国证监会认可的其他具有良好流动性的货币市场工具。

投资范围中安全性较高的有现金、通知存款、银行定期存款和大额存单、中央银行票据，这些资产除非发生重大的经济危机或银行倒闭潮，否则不会发生损失。其次还有短期债券、中期票据、资产支持证券等一些投资项目，这些项目因为发行主体不同而风险程度也不尽相同。例如，政策性银行的债券甚至比银行存款的安全性更高，但某些债券，特别是产能过剩行业的企业债券，安全性就得大打折扣。例如，2015 年 11 月，山水水泥的部分短融债到期后无法按时偿付，就有货币基金涉及其中。

当然，货基的基金经理在投资债券时，会尽量选择安全等级较高的债券。这是因为许多投资者已经将货基近似地看作存款了，如果一两天收益率低，投资者可能不怎么在意，但如果出现本金损失，投资者恐怕就得骂人了。在损失巨大的情况下，更不能排除一些投资人在基金公司门口“静坐”“打横幅”的可能性。看到这里，你应该知道基金经理的压力所在，因此他们不会拿货基的资金去冒险。一旦发生本金的损失，基金公司甚至可能自己出钱“兜底”①，以维护声誉。

从各款货基的历史数据以及财经新闻来看，国内还没有出现过货基危机。仅有少数货基出现过一两天的负收益，损失程度也不过相当于一天的“利息”。即便如此，以前没发生过的事情，不代表以后不会发

① 金额太大，兜不住就另说了。

生。如果你比较在意货基的安全性，不妨打开货基的财务报表看看。

货基每个季度都会发布一期财务报表，在货基的官方网站可以查询到。例如，我们翻开余额宝 2015 年末的财务报表，找到资产负债表一栏，就可以清晰地看到它的投资结构。

表 8 – 1　2015 年余额宝资产构成

资产	附注号	本期末 2015 年 12 月 31 日	上年度末 2014 年 12 月 31 日
资产：			
银行存款	7.4.7.1	434,709,276,312.48	490,582,488,639.75
结算备付金		107,577.93	—
存出保证金		3,007.77	—
交易性金融资产	7.4.7.2	153,894,532,446.03	46,190,560,822.30
其中：股票投资		—	—
基金投资		—	—
债券投资		153,894,532,446.03	45,369,753,378.68
资产支持证券投资		—	820,807,443.62
贵金属投资		—	—
衍生金融资产	7.4.7.3	—	—
买入返售金融资产	7.4.7.4	35,770,778,406.57	41,156,051,875.07
应收证券清算款		—	—
应收利息	7.4.7.5	1,145,964,209.53	1,310,474,405.69
应收股利		—	—
应收申购款		—	—
递延所得税资产		—	—
其他资产	7.4.7.6	—	45,000.00
资产总计		625,520,661,960.31	579,239,620,742.81

资料来源：天弘余额宝货币市场基金 2015 年年度报告。

从报表中我们可以看到，总资产共计 6255.2 亿元，其中银行存款有 4347.1 亿元，占比 69.5%。这一部分资产的安全性是很高的，和我们自己将钱存在银行区别不大①。需要注意，并非所有的货基的大头资

① 除非银行破产倒闭——银行存款保险制度，只保护 50 万元及以下账户。

产都是银行存款，有的货基债券的比重比较大，甚至超过50%。如果实在担心风险，不妨继续在报表里找一找。这里我们还是以余额宝为例，表8－2摘自余额宝2015年年报。

表8－2　期末按摊余成本占基金资产净值比例大小排名的前十名债券投资明细

序号	债券代码	债券名称	债券数量（张）	摊余成本	占基金资产净值比例（%）
1	111509270	15浦发CD270	50,000,000	4,986,821,373.91	0.80
2	111510330	15兴业CD330	41,000,000	4,065,278,899.91	0.65
3	111510320	15兴业CD320	40,000,000	3,968,324,903.17	0.64
4	111517174	15光大CD174	40,000,000	3,967,555,481.41	0.64
5	111517175	15光大CD175	40,000,000	3,966,401,628.49	0.64
6	111507101	15招行CD101	40,000,000	3,960,381,006.70	0.64
7	111507098	15招行CD098	39,000,000	3,861,570,605.42	0.62
8	111516190	15上海银行CD190	35,000,000	3,472,469,947.08	0.56
9	019520	15国债20	32,200,000	3,218,082,520.79	0.52
10	150206	15国开06	30,300,000	3,034,936,411.15	0.49

前十大债券主要为商业银行、政策性银行发行的债券，以及国债。其中，商业银行债券的偿付次序排在存款之后，安全性仅略低于银行存款。政策性银行是指由政府发起、出资成立，为贯彻和配合政府特定经济政策和意图而进行融资和信用活动的机构。因此政策性银行发行的债券，有政府的隐性担保。我国有三家政策性银行，均直属国务院领导，它们分别是国家开发银行、中国进出口银行、中国农业发展银行。表中带“国开”字样的债券，是国家开发银行发行的，“农发”“进出”字样的债券则类同。

同样的道理，并非所有的货基都将资金投在安全性较高的债券上，毕竟这些债券收益率偏低。如果你对查到的债券不甚了解，可以百度一下表格中的债券代码。如果对应的发债公司负债率高，或者发债公司处于产能过剩行业，又或者债券的票面利率较高，那么此类债券的风险也可能较大。

【互联网安全】

许多人不敢在余额宝中存放大量资金，因为担心互联网安全，一旦账户被盗就损失惨重。其实我们还可以选择形成“资金闭环”的货基——货基无法用于消费，且账户注册后，就只能提取到自己（身份证和姓名对应）的银行卡上。这样即使货基账户密码被黑客盗取，也不会有任何损失。

流动性最重要?

货基的投资范围就是低风险、高流动性的资产，所以期望在货基上赚取高收益是不现实的。货基的历史收益率也不能代表未来情况。因此货基的收益率看看就好，没必要过于执着。既然货基是为了满足日常生活流动资金的需要，**我们首先应当把目光投向货基的流动性。**

货基可分为场内货基和场外货基。其中场内货基指的是在证券交易所交易或申赎的货币基金。场内货基的特点是只有在交易日才可以操作，因此遇到周六、周日以及法定节假日就无法兑现。虽然场内货基的流动性略逊一筹，但是它更方便沉淀于证券市场的零散资金，而且也提供了一些套利的机会。但对于日常生活来说，我更推荐使用场外基金。

场外货基，顾名思义是与场内基金相对的概念，即证券交易所之外的货基。它可以通过基金公司官网、第三方支付平台、银行等各种渠道进行申赎。按照正常规则来说，今天发起的赎回，资金要下一个交易日才能到账，也就是说周末和节假日同样无法拿回资金，这与场内货基无异。但是为了增加货基的吸引力，不少基金公司提供“快速赎回”的方式，使投资人在周末和节假日也可以灵活支取。简单来说，就是当投资人发起“快速赎回”后，基金公司先用自己或第三方的资金垫付。最快的情况下，投资人可以 7 天 24 小时 1 秒到账，而不用等到下一个交易日。[1]

大多数场外货基的赎回规则如表 8－3 所示：

表 8－3　场外货基赎回与收益计算

到账时间	周一至周四	周五	周六、周日
普通赎回	次日到账	下周一到账	下周二到账
快速赎回	当日到账，大多两小时内可到账，最快即时到账		
收益计算	周一至周四	周五	周六、周日
普通赎回	赎回当日有收益	有周五至周日收益	有周一（含）之前的收益
快速赎回	赎回当日即无收益		

注：节假日的情况与周末类似。

由表 8－3 我们可以看到，一款货基流动性给不给力，主要看快速赎回这一项。快速赎回中可以用当日新增的申购款来对冲掉一部分，但是当货基出现净赎回时，基金公司也不可能无限制地垫款。因此基金公司的实力和垫款意愿很重要，不少货基时常快速赎回失败，原因是“当日快速赎回额度已用完”。大多数货基并不公开快速赎回的总额度，只能靠投资者在日常使用中感知。如果多次遭遇快速赎回失败，可以考虑换一款货基试试。

除此之外，货基的快速赎回还有一个单账户限制，如单个账户每日快速赎回最多不超过 10 万（或 100 万），超过部分只能普通赎回。一般这个额度对于普通人来说是足够用的，但有生意款项往来的商人就需要特别注意——如果是急用的货款，很可能一笔生意就飞掉了。

一款流动性好的货基，**应当是这样的**：7 天 24 小时可以快速赎回，最好是即时到账（不用等两小时）。快速赎回单账户限额可以满足你的日常需要，并且多数时候总额度也够用。如果这款货基还有专门的手机 APP 软件，可以随时随地在手机上操作，那就最好了！

① 有的货基只提供工作日的快速赎回，有的货基只在一天内的某些特定时段提供快速赎回，注意甄别。

货基收益计算规则

相对货基的安全性和流动性来说，收益性可能要排到最末的位置。与赎回不同，场外货基的申购就不存在什么普通申购和快速申购了，只有申购一种。请记住，大多数场外货基在当日 15 点以前发起的申购指令，视为当日申购。当日 15 点至 24 点发起的申购指令，视为次日申购。一部分货基当日申购的金额当日就可赎回，另一些货基须等到次日才能发起赎回。

一般场外货基在成功申购后，次日才开始计算货基收益。因此周四 15 点是一个时间节点，在此之前发起的申购才能拿到周末的货基收益，具体情况如表 8－4。

表 8－4　申购时间与收益计算时间

申购时间	周一至周四	周五	周六、周日
收益计算	次日计算收益	下周一计算收益	下周二计算收益

注：节假日的情况与周末类似。

由此我们可以看到，货基在一申一赎之间，会有一天的收益损耗。例如，我周一 12 点发起申购，周二 12 点再发起快速赎回（资金即时到账），其实拿不到任何货基收益。也就是说，频繁地申赎货基并不划算。考虑到绝大多数场外货基并不收取任何申赎费用，所以这一点还是可以接受的。

撇开申购赎回不说，在持有货基的过程中，它每天都在给我们计算和分派收益。这里有两个名词，一是每日“万份收益”，二是“七日年化收益率”。

万份收益：例如，某货基今天的万份收益是 0.8 元，那就意味着持有每 1 万元货基当天的收益就是 8 毛钱。

七日年化收益率：它是用之前七天的收益率加总，除以 7 再乘以 365 所得的结果。之所以是过去 7 日（不是当日，也不是 30 天或 100 天），是因为货基或多或少参与到证券市场，其中的普遍规律是周四的收益较高，周末的收益则较少，通过 7 天累加可以很大程度消除这个影响。直观点看，如果你持有的货基在一年的时间里大部分时间的 7 日年化收益率是 3% 左右，那你这一年所得到的货基总收益也就是 3% 左右。

货基收益率一般高于银行存款利率。2013 年下半年，许多货基的 7 日年化收益率曾长期处于 6% 以上，而当时的一年期定存基准利率只有 3% 。目前（2016 年初）许多货基 7 日年化收益率在 2. 7% 至 3% 左右，而一年期定存基准利率只有 1. 5%[①]。

货基会颠覆银行吗？

对于许多用户来说，一款流动性好的货基完全可以取代银行存款。它不仅收益更高、流动性更好（特别相对于定期存款），有时甚至安全性也相差无几。[②]

那么为何还有人愿意将钱存在银行呢？为何不统统换成货基？

一个重要原因是人们的认知不完整。记住：当你决定认真管理财富时，这个决定可以影响你人生一半的努力。

在前几章的内容里我们已经学习到，财富管理就是将自己的财富安放在合适的位置，使它更有效率地运转。你将自己的财富安放在某个位置，比如卖出房地产或者买进股票，这个选择动作它本身是不能创造财富的，它只是社会资源的重新分配而已——很显然，这个动作本身不会

① 即使考虑部分银行存款利率上浮，一年期定存实际利率也只有 2% 左右。

② 并非所有货基的安全性都高于银行存款。一些货基购买了大量风险更高的短期企业债券，需要投资者通过财报判断风险。

生产出一套房屋。

财富管理虽然不创造新的财富，但它不仅帮助睿智的投资者积累和分配到更多的财富，还使在资本流动过程中，资源往更需要它的地方合理分配。

回想起2013年以前，货币基金还鲜为人知。当时我向亲戚朋友介绍货币基金，许多人难以理解和信任，潜意识里将货币基金和股票型基金等同起来（都是基金嘛）。说到这里，你或许就能理解许多货基改名叫“××宝”的良苦用心。即便在2013年经过余额宝大规模普及后，许多人依然不清楚货币基金是个什么东西，它到底投资在哪些资产上。更不用说打开基金公司网站，查看一下货基的财务报表。

【动动手】

如果你从未查看过货基的财务报表，不妨现在就找一个看看，并试着理解其中的内容。这虽然是一小步，但只要你养成良好习惯，在面对任何投资理财项目时都试着搞清楚“到底怎么回事”，你的这种投资意识就已经超过99%的人。

上文中说到，正是因为人们的认知不完整，才使在流动性资产管理方面货基具备更好的条件。反过来想，假设所有人都放弃银行存款改投货基，会发生怎样的事情呢？

要么货基的收益率相对降低，要么它的风险性相对上升！

截至2015年末，各类存款已经超过140万亿元。如果将这些存款统统挪到货币基金，试问货基该如何配置这么多资产？难道全部存为银行协议存款，银行肯干吗？又或者，上哪去找这么多高等级短期债券？而如果投向风险更高的债券，货基的风险性必定上升。

其一，在货基体量很小的时候，货基对银行存款成本的拉高效应不大，它被大量活期、短期定期存款稀释了。货基对银行的整体影响不大，而一些资金紧张的银行，也愿意借道货基来解决燃眉之急。但如果银行存款全部来自货基，情况就变得完全不一样了。受存款成本上升影响，银行必须提高贷款利率，否则难以支撑运营成本和不良贷款损失。而贷款利率上升则会使得借贷企业的贷款意愿降低，贷款量会因此减少，进而银行也不需要这么多存款。一连串的连锁反应，供需相互作用，最终货基的收益率不得不降低。其二，当货基的体量提升到足以撼动银行影响力的份上，银行也不会愿意继续做冤大头。要知道申购货基最终还是得绑定银行卡，或通过银行卡充值代扣，凭什么银行白白提供那么多网点和ATM设备？对于卡住了用户终端的银行来说，如果对申赎货基收取服务费，又将如何呢？

综上所述，目前阶段一部分货币基金比银行存款具备更高的收益率、更好的流动性、差不多的安全性，正是因为人们认知的不完整——并不是所有人都了解并信任货基。

【未来】

未来会怎样呢？随着规模的增长，是否会迫使一些原本保守的货基购买风险更高的债券呢？银行利率市场化会给货基带来哪些影响？未来还会有其他变化吗？

美国版余额宝——PayPal货币基金最终于2008年清盘，原因是"基于市场条件，保留该基金将难以给客户带来金融优惠"（美国在次贷危机后实行量化宽松，长期零利率）。本书成书时，我也无法预料未来的情况。须知金融知识并不全部来源于书本，愿读者多思考，多留意货基定期发布的财务报表。

延伸阅读——场内货基

截至2016年初，还没有哪一只场内货基具备7天24小时快速赎回功能。场内货基在日常生活的使用上不如场外货基。但场内货基的优势在于它离资本市场更近——场外货基和证券账户之间转款，每进出一次都会损失一天的货基收益，场内货基可以避免这种尴尬。不过最令人关注的，是场内货基还有许多种套利方法。

一种套利方法是交易性货基，这种货基既可以交易，也可以申赎，如华宝添益（511990）、银华日利（511880）、易货币（511800）等。在资金紧张时，场内基金经常折价交易，此时买入再赎回，可以赚取折价的价差。

【案例】

下图为华宝添益（511990）2015 年 6 月 2 日星期二的走势图。

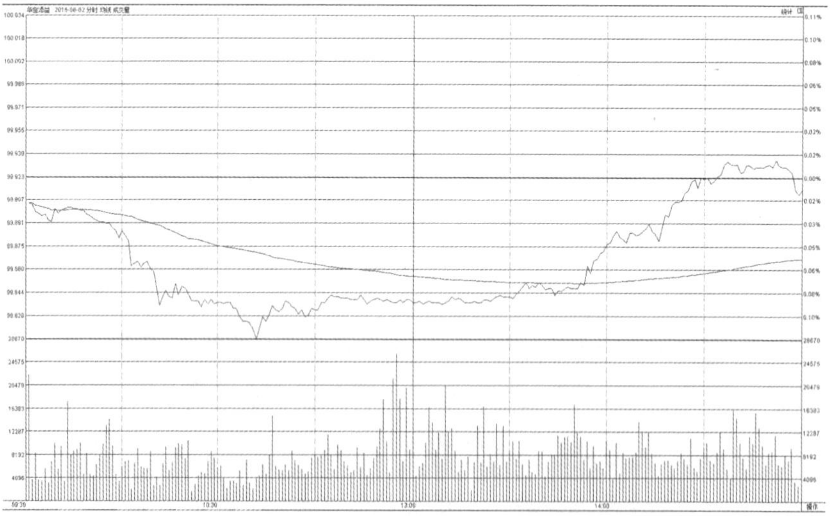

假设我们在下午以 99.84 元的价格买入 100 份，并在收盘前发起赎回指令。由于华宝添益的净值永远是 100 元，所以赎回动作可以套取每份 0.16 元的折价（100 份总计 16 元折价），以及赎回当天的货基收益（当日万份收益为 0.7358 元）。由于发起赎回后，资金 6 月 4 日早盘才可用，资金占用为两天，所以此次套利的年化收益率为

$$(16+0.7358)\div(99.84\times100)\div2\times365\times100\%=30.6\%$$

对于货基来说，30.6%的年化收益已经很不错。但关键是这样的套利机会很少，如果不是专业交易员（且资金量大），天天盯盘不划算。

另一种方法是通过两种不同类型的场内货基套作，一周7天可以获取9天收益。场内货基中有一些纯申赎型货基，收益计算方式与其他货基都不同，如其中规模较大的添富快线A（519888）。当天申购此类货基，当天即可获得货基收益，但赎回当天没有收益，俗称“算头不算尾”①。可以用此类算头不算尾的纯申赎型货基，与算尾不算头的场内货基（券商提供的“××宝”类货基最佳）进行套作，即可获取两次周末收益，一周时间拿到9天货基收益②。除此之外，还可以利用交易性货基周五的翘尾效应进行套作。

由于篇幅所限，这里不再详细阐述套利方法。如果你对证券市场关注较少（盯盘少），建议放弃这些方法，因为它浪费了太多的时间。更何况，场内货基的收益一般低于场外货基。

【了解】

一般人们投资场外货基，是为了满足日常开支需要，它每天都有进有出，规模波动相对较小。但场内货基则不同，只要一有交易“机会”，投资者经常一窝蜂抽离货基，涌向股票或债券。因此场内货基不得不持有更多的备用现金，从而拉低了收益率。

---

① 一般的货基是申购当天无收益，赎回当天有收益，俗称“算尾不算头”。

② 周五赎回“算尾不算头”的货基，可拿周末收益；周五申购“算头不算尾”的货基，也可拿周末收益；每周五一赎一申，如此套作即可。

第九章

巧用信用卡，货基好搭档

爱恨交织信用卡

信用卡诞生至今已经有一百余年时间，据传起源于1915年的美国。最早的信用卡并非由银行发行，当时一些小餐馆、百货店为了招揽生意，给老客户发放一些小卡片并允许他们赊账消费，这就是信用卡的雏形。中国的第一张信用卡于1986年由中国银行发行，至今也将近30年历史。

社会上对信用卡的评价褒贬不一，有人认为信用卡方便了生活消费；也有人认为信用卡就是“月光族”的代名词——不少人到了还款日总有剁手的冲动。就连投资大师彼得·林奇，也在其著作《彼得·林奇教你理财》一书中反复强调储蓄的重要性，提前借贷消费无疑是加重财务负担，给银行打工。

其实跟货币基金一样，**信用卡是一款重要的流动资金管理工具**。既然只是工具，就无所谓善恶。这就好比水果刀，有人用来切水果，也有人用来行凶。行为本身是人发出的，水果刀并没有善恶之分。

【担忧】

作为保守型投资者，我曾经也很抗拒信用卡。关于信用卡的各种负面新闻不绝于耳，如信用卡过度消费导致负债累累，信用卡被盗刷资金无法追回，未及时还款影响信用评级致使无法按揭买房等。

您申办过信用卡吗？是否也曾担心过这些问题？

有趣的棉花糖实验

一个关于糖果的心理测试在育儿圈风靡一时。1970年代，美国沃尔特·米歇尔教授以4至5岁的孩童作为对象，进行了一项心理实验。小孩分别被安排在放置有棉花糖的桌前，教授告诉小孩自己要离开片刻（约15分钟）。如果小孩愿意等待，在教授回到房间前不把棉花糖吃掉，那他就能额外多得一块棉花糖（作为奖励）。实验中，一小部分小孩可以等到教授回来，但大部分小孩即使明明知道多忍耐几分钟就可以拿到奖励，他们还是忍不住吃掉了眼前的棉花糖。

米歇尔教授后来出版了一本《棉花糖实验，掌控自制力》[①]，认为自制力从小就开始养成，一旦形成则较难改变。那些忍不住提前吃掉糖果的小孩，通常也表现为多动，注意力难以集中，容易半途而废，无法克制冲动等。

从比例上讲，是否大多数人在孩童时无法通过糖果实验呢？这一点虽然无从得知，但从信用卡的盈利模式来看，总存在一定比例的人，最终选择让出本属于自己的糖果。

我们来看看信用卡的盈利模式。

从用户这一头看，通常首次办理某家银行的信用卡，还可以得到一些礼品或刷卡金的奖励。之后在日常生活中，用户可以刷卡消费。在用户刷卡后，消费金额暂时先记在账单上，并于账单日汇总。在账单日的基础上，往后推二十多天才是还款日，用户只要在还款日之前把钱凑齐并还款即可。从发生消费到还款日期间，银行不对用户的消费金额收取利息或手续费，也就是我们通常说的“免息期”。如果用户在还款日没有即时全额还款，那么也可以暂时先还一部分（最低还款额），但是未还的那部分资金从刷卡日（消费时）就开始计算利息了。用户此时也可以选择分期付款[②]，当然这也是要收取管理费的（相当于利息）。除了消费，用户可以用信用卡直接取现金，这也将被收取管理费和利息。

---

① “The Marshmallow Test，Mastering self-control”。

② 或者在消费当时就选择分期付款方式。

不管选择信用卡还是现金付账，大部分商品或服务的价格是相同的。所以从用户这条线来看，如果用户不预借现金，不使用分期付款，且每期都按时全额还款——那么用户在获得诸多好处的同时，并不用付出额外的成本。

我们再从银行这条线看看。首先用户使用信用卡刷卡，银行可以从商户那里收取一定的刷卡费①（用户无须支付刷卡费）。这个刷卡费大头给了发卡银行，小头给了POS机收单银行。不同类型的商户，刷卡费率不同，像公立医院、学校、慈善机构等甚至是免收刷卡费的。从某上市银行的财务报表看，其最终收取到的平均刷卡手续费率约为0.55%。显然，这个刷卡费无法支撑信用卡的运营费用——别忘了信用卡有最长56天的免息期，折算后每笔刷卡享受了约30天的免息期。银行支付了大量的宣传费、制卡费、员工工资、积分返利、资金利息②等，还必须承担信用卡的坏账损失、追债开销等。既然如此，银行为何还积极地发展信用卡业务呢？有些银行为吸引新客户办卡，甚至还赠送100元刷卡金！

如果仅靠刷卡费，银行的信用卡业务早就关门大吉了。可以这么说，正是那些早早就忍不住把糖吃掉的小孩，支撑起了银行的信用卡业务。他们为分期付款或预借现金，支付了年化16%至18%的借款成本③。针对几家上市银行信用卡业务进行统计发现，来自这部分的收入和刷卡费收入旗鼓相当，总体而言：整体信用卡营业收入/信用卡贷款规模约12%～14%。

---

① 在国内，无论是信用卡还是储蓄卡刷卡，刷卡费率是相同的。但其中信用卡刷卡占了绝大部分比例。虽然客户刷卡会使商户付出额外的手续费，但商户也因此减少了现金保管和运输上的成本。此外商户很难对刷卡客户索取更高的价格，因为这会使刷卡客户反感。比较之下，客户流失对商户的损害更大。

② 信用卡刷卡相当于放出一笔年化0.55%×12=6.6%的贷款。为支持这个信用卡贷款，银行必须有对应的银行负债支撑（如存款、同业拆入等），银行还需要为这个负债支付利息。

③ 分期付款的借款成本看起来没有这么高。但请注意，当本金不断偿还时，手续费却维持不变。在整个还款期，用户的平均借款额只有初始值的一半左右。

【谁为信用卡业务埋单?】

为信用卡业务埋单的人有两个，一个是商户，一个是信用卡高息借款人（分期付款或预借现金）。如果商户将信用卡综合刷卡成本揉进售价里，那么采用现金付款方式的客户在一定程度上补贴了信用卡刷卡客户。而另一个埋单人——高息借款人，则是银行信用卡业务得以盈利的关键。

再忍一忍，糖果是你的

如果你还在使用信用卡的分期付款或预借现金，那么对于你而言，投资理财的第一步，就是放弃这两种消费模式，不再成为信用卡业务的埋单人。

一年、两年的投资收益率高，很容易办到。但长期投资收益率要达到16%至18%，却是一件非常难的事情。约翰·聂夫三十余年间（1964—1995年）的投资收益率，复合年化只有13.7%，但他已经是投资大师级的人物。如果说十年的复合收益率达到20%，算是百里挑一，那么坚持二十年就是万里挑一（概率用乘法去运算）。而坚持五十年以上的概率是百亿分之一，达到这个级别的全世界只有巴菲特一人。

相信我，如果你一方面为消费支付了16%至18%的额外成本，另一方面又想在投资理财上获取高于16%至18%的长期回报率，这几乎是不可能做到的!

当然如果所有人都这么做，必然颠覆银行信用卡的盈利模式。这个道理与前面讲到的货币基金是一样的。幸运的是，并不是所有人都能认知并做到这一点。即使所有小孩都知道，多等待一些时间可以获得更多的糖果（奖励），但总会有不少小孩忍不住提前吃掉。

银行在给客户办理信用卡时，需要了解客户是否具有高息借款的倾向吗？不需要！如果银行递给客户一张调查表格，势必会引起客户的反感——这难道不是唯利是图吗？其实在人类的成长过程中，各种性格的人群总会占到一定的比例。只要信用卡办理量足够多，忍不住提前吃掉糖果的人总会占到一定的比例。这一点我们从银行的财务报表中也可以看出：分期付款或预借现金的年化成本约16%至18%，而银行在这一块的收益率（未包含成本）约为6%至7%，因此不难推出最终支付利息的刷卡份额约占三分之一。

许多理财书籍都提到，尽量增加储蓄，减少因为提前消费而产生的借贷①。但很少有人了解，这里面很大程度其实是性格使然。为何许多高薪白领仍然是月光族？他们的消费结构中有许多非必要的开支（奢侈性），但对他们来说，要缩减这些开支太痛苦了！一旦新款手机、新款汽车上市，他们总是忍不住想立即拥有——哪怕自己的支付能力不够。因此，薪资收入（而不是自控力）成为他们控制消费量的一道栓锁。如果他们办理了信用卡，这个栓锁就被放大到信用卡的透支额度。

这里介绍一个简单的方法用于抑制提前消费的欲望——就是建立储蓄投资基金。比如看中一款新车，但手头的资金不够，这时可以将手头已有的资金用于投资，名曰“买车基金”。根据投资能力和资金期限，可以选择不同期限（流动性）、不同收益性、不同风险性的资产。虽然提前消费可以获得满足感，但慢慢期待和畅想也别有一番风味。

【不如放弃】

如果还是无法控制住提前消费的欲望，倒不如放弃使用信用卡。如果每一笔消费都多付出16%至18%的成本，实际相当于降薪16%至18%。这个资金流水经过长期累加，金额会大得惊人。

① 实际上重点不在于借贷，而在于借贷的成本。例如低成本的房贷，不仅可以享受资产升值，还在一定程度抵御通胀，反而是有利的。

使用信用卡的正确姿势

信用卡使用过程中，尽可能利用它的免息还款期，即采取全额还款模式，并尽量等到还款日来临再还款[①]。这一块相当于免费的贷款，它并非凭空出世，而是另一些人补贴而来的免费糖果。别小看这些免费的糖果，也有不少人乐于此道。甚至有人为了获取更长的免息期，分别办理了不同银行的信用卡，并错开它们的账单日——每次刷卡优先选择刚过账单日的那张卡。

我们可以将信用卡的免息期和货币基金搭配使用。资产端（货基）是短期资产，负债端（信用卡）是短期负债，两者的流动性和安全性都可以匹配。许多货币基金都提供信用卡还款功能，可以直接发起对同名信用卡的还款[②]。我们在消费时采用信用卡，对应的流动资金则暂时安放在货币基金里。直到还款日，再通过货币基金发起信用卡还款。与直接付现金相比，采用这种搭配模式可以赚取一段时间的货基收益。

通过使用信用卡，也相应减少了日常流动备用资金，使更多的资金可以往高收益的非流动资产上挪动。在不持有信用卡的情况下，我们总得预备一笔资金应急之用。持有信用卡后，信用卡额度就可以应付不时之需，因此无须再持有较多备用资金。

还有一个有意思的地方，在许多高档消费场所几乎没有人使用现

① 部分还款（须高于最低还款额），分期付款以及预借现金，这三种还款方式都需要支付手续费或利息。2013 年 7 月新修订的《中国银行卡行业自律公约》，信用卡至少提供 3 天的还款宽限期，宽限期内还款视同及时还款。但是该公约为自律性质，并不是强制实施。有些银行没有还款宽限期，或宽限期不足 3 天。此外，一些银行的还款以“入账时间”为准，部分跨行转账还款（含第三方支付）还需要一两个工作日才能到账。

② 形成“闭环”的货基，只能对相同身份证办理的信用卡进行还款，因此不用担心货基被盗。

金，清一色是刷信用卡。这是因为富裕阶层更多地使用信用卡——他们的消费额较高，携带较多现金不方便，容易被抢或被盗。我也曾在旅途中丢过钱包，除了三张信用卡外只有六百多元现金。如果没有信用卡，我需要携带数千元的现金。在信用卡丢失后，我立即通过电话挂失，原卡作废，银行补寄新卡，损失只有几十元工本费。

信用卡在一定程度上代表了某些消费阶层，因此许多商家为了获取客户，纷纷推出了针对各式信用卡的优惠活动，此类优惠通常在中高端消费和时尚型消费中比较常见。这意味着商家不仅要为信用卡客户付出更多的成本（刷卡费），还必须收取更低的售价。相反，使用现金的客户被商家当作“偶得型客户”（非目标客户），做了冤大头。此外，发行信用卡的银行也提供了许多刷卡积分活动，鼓励大家多多刷卡①。

【谨防盗刷】

通过使用信用卡，可以减少备用资金、获取更高的资本收益，消费时还能拿到更多优惠。在享受这些便利的同时，还需谨慎用卡，如使用更安全的芯片卡（而不是磁条卡），不在来历不明的 POS 机上刷单，输密码时尽量用手遮挡等。

① 通常刷卡后银行还会鼓励你办理分期付款，注意不要当冤大头。

第十章

短期资金管理中淘宝

“三大件”足矣

对于流动性资产管理来说，重要的是流动性（灵活性）和安全性，收益率被放在了次要的位置。除去不产生收益的现金（重要的支付手段），银行存款、货币基金、信用卡是流动性资产管理的“三大件”。这三大件完全可以满足日常生活的流动资产管理。

事实上我们也用不上太多的流动性资产管理工具。既然我们已经要求较好的流动性和较高的安全性，那么在收益性上自然不能有太多的期望。即便我们乐此不疲地折腾更多的品种，也变不出个什么花样，所得的收益相差无几。

因此本章仅用简洁的篇幅，介绍“三大件”以外的几个流动性资产管理工具。

逆回购：最安全的“P2P”

逆回购发生在证券市场，主要交易群体是机构，当然散户也可以参与。最近逆回购的交易规模高达数千亿元，其中沪市一天期逆回购（204001）为最热门品种，2015 年 12 月 31 日的交易量达 5517 亿元。

逆回购，实际是资金供需双方自行协商借贷利率的交易过程，是P2P（Peer to Peer）[①] 的一种形式。简单来说就是我们把钱借给持有交易所债券的交易者，并收取一定的利息。交易对手方即称为正回购，他们将手里持

① P2P 并非专指高利息的 P2P 互联网借贷，其中的 Peer 是“小伙伴”的意思。其实我们用迅雷下载电影时，用户与用户之间就相互传递数据，这也称为 P2P。

有的债券质押给中登公司①，并获取一定金额正回购（借钱）的权利。最终利息是多少，在逆回购与正回购双方交易时确定，例如我们愿意以3%的年化利率借出资金，对方如果满意即可下单成交；如果对方觉得利息太高，也可以在2.8%的位置挂单等待。因此逆回购的利率高低是在市场波动的过程中，众多交易对手协商达成的。逆回购在资金紧张时利率高，资金宽松时利率低。一般而言，逆回购早盘的利率高于尾盘。

逆回购最大的特点，就是它的安全性，除非发生极端事件，否则它就是零风险。我们在做逆回购时，不知道究竟是谁借了我们的钱。但没关系，只要时间一到，我们借出的本金和利息就会自动回到账上。至于对方能否还得起钱，则由中登公司和对手方的券商去烦恼和催促吧。②

沪市逆回购最低交易单位为10万元，深市为1千元。其中最重要的品种为1天期（也称“隔夜”，资金借出1日），此外还有多个品种，如表10－1所示。

表10－1　逆回购品种

期限	上交所		深交所	
	名称	交易代码	名称	交易代码
1天	GC001	204001	R－001	131810
2天	GC002	204002	R－002	131811
3天	GC003	204003	R－003	131800
4天	GC004	204004	R－004	131809
7天	GC007	204007	R－007	131801
14天	GC014	204014	R－014	131802
28天	GC028	204028	R－028	131803
91天	GC091	204091	R－091	131805
182天	GC182	204182	R－182	131806

① 即中国证券登记结算有限公司。我们在交易所的各种股票、债券等交易都是在中登公司完成。我们先将指令发给券商，各家券商再继续发到中登公司进行撮合。

② 对手方（正回购）有债券质押在中登公司。中登公司给予不同安全等级的债券不同的折算率。正回购可以借到的资金会小于其质押债券的现值。

如图 10 - 1 所示，在股票交易软件中“卖出”项（不是买入项），直接输入对应的代码和价格即可。卖出的价格即是逆回购的年化利率，例如价格为 1.800 即代表借出资金的年化利率是 1.800%。

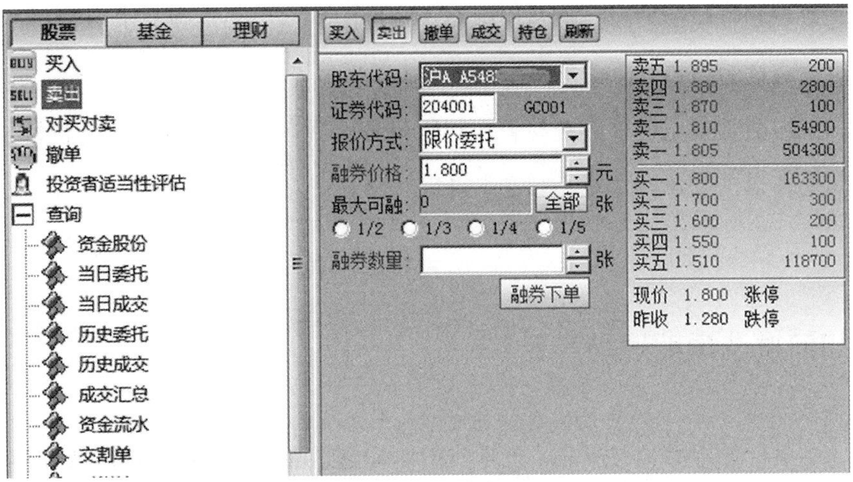

图 10 - 1　逆回购交易界面

最终收益计算方法为

本金 × 借出年化利率 ÷ 360[1] × 品种期限 - 券商佣金[2]

这里逆回购还需注意一个交易日的问题。我们知道，周末和节假日交易所休市，因此逆回购的收款会顺延到下一个交易日。例如周五的 1 天期逆回购，虽然资金只借出 1 天，但收款却要等到下周一，实际相当于借出 3 天[3]。今日操作的 N 天期逆回购，N 日（跨交易日顺延）后可用（可用买股票等），但需要 N + 1 日才可取（提现到银行卡）。周四操作的逆回购，要取出到银行卡就只能是下周一了，所以周四（或节假日前第二天）的逆回购价格比较高，周五（或节假日前一天）的逆回购

① 上交所的逆回购是 360，深交所则是 365。

② 对大多数券商而言，1 天期佣金为十万分之一，2 天为十万分之二，7 天为十万分之五，14 天为十万分之十，其他档次可类推，或从网络上查询。

③ 周五时 1 天、2 天、3 天期的逆回购，效果是一样的（佣金不同）。但周五的 1 天期逆回购的价格（利率），通常是 3 天期逆回购的三倍。

价格比较低。

虽然逆回购比货币基金的安全性更高，但长期来看其收益率却略低，而且操作方法和规则更复杂。资金在操作完逆回购以后，只能傻傻等着到期，中间的时段哪怕叫破喉咙也没用（急需资金则无法变通，此时你应该明白为何1天期品种最受欢迎）。

逆回购更适合证券交易者，特别是拥有大额短期闲置资金的机构。如果你很少看盘和交易，则基本可以忽略它。

如何挑选短期理财产品？

银行发行的理财产品，也是我们比较熟悉的。银行理财产品的销售起点金额不得低于5万元人民币，产品期限必须在30天以上。

银监会屡次发文规定银行理财应该实行收益和风险的转移，避免银行对理财产品的刚性兑付。银行理财产品的说明书中，多印有“理财非存款、产品有风险、投资须谨慎”的字样。新闻上也时不时爆出某个银行理财产品巨亏的消息。银行理财产品各式各样，因此在这里很难对其进行归纳整理。建议投资者仔细阅读产品说明书，特别是投资范围、风险提示、提前赎回等条款。其中一些安全等级较高的理财产品，投资范围与货币基金相似，收益率可能高于货币基金。

一些银行也推出了T+0型①的理财产品，使其在流动性上更接近货币基金。前面不是说银行理财产品期限必须在30天以上吗，怎么还有T+0的理财产品冒出来了？别急，且听我慢慢道来。实际这些T+0型的理财产品并不是银行直接发行的——许多银行成立了资产管理子公司，他们可以通过资管公司来发行，从而绕开监管规定。

① 即当日发起赎回，资金当日即可到账。

保险公司与银行一样，也可发行保险理财产品，只是保险理财的条款更复杂，许多品种还嵌入了保单。许多保险公司、证券公司，甚至基金公司，旗下都有资产管理子公司，他们跟银行的资产管理子公司一样，可以发行各种理财产品，其中也不乏短期品种。

具体怎么去选择短期理财产品，要详细说可以千言万语。要概括说也可以仅仅一句话：选择大型金融机构的理财产品，仔细阅读并理解产品说明书。

即将到期债券和短融债基

即将到期债券指即将到期偿还，或者短期内可以回售给发行方的债券。比较方便普通投资人交易的债券，主要集中在两大证券交易所，用股票账户即可进行交易所债券的买卖①。

债券的交易价格受到市场利率波动的影响。相对而言，即将到期债券受该因素的影响较小。我们可以根据自己资金的闲置时间，选择与之匹配的债券。关于债券的知识，在后面的章节还将继续阐述。

在国内，几乎所有的债券都集中在证券交易所和银行间债券市场。证券交易所几乎没有短期债券，要配置流动资金只能选择即将到期的长期债券，交易品种十分有限。银行间债券市场虽然有许多短融债，但普通投资人难以参与②。我们只能通过理财产品或专项债基，间接购买这些短期债。

许多基金公司发行了专门投资于短融债的基金产品，如大成景安短

---

① 普通投资人也可以通过银行渠道购买债券，主要为国债，但点差（类似手续费）较高。

② 2016 年 2 月 14 日，中国人民银行发布《全国银行间债券市场柜台业务管理办法》，将允许个人投资者进入银行间债券市场，交易方式为金融机构做市交易。这意味着未来个人投资者的债券投资渠道将拓宽。

融债（000128），嘉实超短债（070009）[①]。因为投资标的集中于短期债券，债券价格受市场利率波动影响较小，因此其净值表现通常是小步向前，不会大幅回撤，比较适合短期资金。对于收取申赎费的短融债基，不适合频繁进出。因此一些短融债基为了吸引目标客户，针对部分特定渠道（如基金公司官网直销）不收取申赎费用。

需要注意，不管直接还是间接投资于债券，都可能面临债券违约的风险。如果发债公司破产无法偿还到期债款，投资人或将面临本息损失。

即将到期或转换的固定收益类基金

在所有短期流动性资产中，此类品种有可能创造最高的收益，安全性也不赖，但其最大的缺点就是必须花时间寻找投资标的。建议在一些低风险财经论坛多逛逛，如集思录、鼎级理财网等。

比较常见的有，封闭式债基（包括分级债基）转 LOF 开放式债基。债基封闭时，可以在交易所交易，但不能按净值赎回。而当其转为 LOF 开放式基金后，既能交易又能申赎。如果其交易价格比净值有折扣，那么我们只要买入并等待其封闭期满后转为开放式基金，就可以按净值赎回并套取这个折扣。

【案例】

我曾于 2015 年 3 月 16 日以 1.019 元的价格买入元盛 B（当时的证券代码为 150132），当日的净值为 1.041 元，折价率为 2.11%。因为元盛 B 将于两个月内转为 LOF 开放式债基，所以这个折价率年化后为

① 此处为品种举例，不构成投资建议。后文中涉及的证券品种，皆同。

12% 以上。如果再加上在此期间债基本身的收益，那么短期的年化收益有望超过 12% 。

4 月 30 日为元盛 B 的最后一个交易日，收盘价为 1.039 元，净值为 1.047 元，折价率收窄至 0.76% 。5 月 4 日，元盛 B 按净值转换为元盛债券（162108），每份元盛 B 最终转换为 1.04667559 份净值为 1 元的元盛债券，将折价填平，并于 5 月 20 日重新上市，当日开盘价为 1 元，当日收盘后净值为 1.003 元。

如果全程参与以上封转开，两个月总收益约为 2.65% ，年化约为 16% ，是一笔不错的短期投资。

之所以选择元盛 B，还有几个主要考量因素，必须仔细阅读其财务报表。首先元盛 B 是分级债基，但由于 A 类份额很少，约占总份额的 1/10，所以元盛 B 相当于无杠杆的分级 B。其次，元盛 B 的母基购买的是纯债券，连可转债都没有，且它持有的债券本身没有利用正回购上杠杆①。综合以上两点原因，结合 3 月 16 日之前的历史净值表现，判断这只基金的净值很难有大幅回撤，风险较小。元盛 B 转换前三个月的净值表现如下表所示。

净值日期	单位净值
2015 - 4 - 30	1.047
2015 - 4 - 29	1.046
2015 - 4 - 28	1.046
2015 - 4 - 27	1.046
2015 - 4 - 24	1.045
2015 - 4 - 23	1.045
2015 - 4 - 22	1.045
2015 - 4 - 21	1.044
2015 - 4 - 20	1.044

① 当时也有几只类似的折价封基，但由于持有大量可转债，所以价格波动频繁，风险较大，不适合短期资金。

续表

净值日期	单位净值
2015 - 4 - 17	1.043
2015 - 4 - 16	1.043
2015 - 4 - 15	1.042
2015 - 4 - 14	1.042
2015 - 4 - 13	1.042
2015 - 4 - 10	1.042
2015 - 4 - 9	1.041
2015 - 4 - 8	1.041
2015 - 4 - 7	1.041
2015 - 4 - 3	1.042
2015 - 4 - 2	1.041
2015 - 4 - 1	1.041
2015 - 3 - 31	1.042
2015 - 3 - 30	1.042
2015 - 3 - 27	1.042
2015 - 3 - 26	1.042
2015 - 3 - 25	1.042
2015 - 3 - 24	1.042
2015 - 3 - 23	1.042
2015 - 3 - 20	1.041
2015 - 3 - 19	1.041
2015 - 3 - 18	1.041
2015 - 3 - 17	1.041
2015 - 3 - 16	1.041
2015 - 3 - 13	1.038
2015 - 3 - 12	1.036
2015 - 3 - 11	1.037
2015 - 3 - 10	1.037
2015 - 3 - 9	1.037
2015 - 3 - 6	1.036
2015 - 3 - 5	1.035
2015 - 3 - 4	1.033

续表

净值日期	单位净值
2015-3-3	1.034
2015-3-2	1.033
2015-2-27	1.032
2015-2-26	1.033
2015-2-25	1.031
2015-2-17	1.027
2015-2-16	1.026
2015-2-13	1.027
2015-2-12	1.027
2015-2-11	1.027
2015-2-10	1.027
2015-2-9	1.027
2015-2-6	1.027
2015-2-5	1.028
2015-2-4	1.026
2015-2-3	1.026
2015-2-2	1.026

从上表可以看出，元盛B的净值一步一步上扬，波动很小，适合短期资金参与。

后来我并没有参与元盛B的封转开，于4月20日以1.033元的价格售出，持有期间年化收益约为14.3%（收益来自折价率缩窄，以及债基的净值提升）。之所以未参与转换，是因为根据基金公告，5月4日转换为LOF后将于30日内申请上市（即最晚6月4日申请重新上市），这一段未知的时间可能会拖低收益率。

除了债基，股票型封闭基金也有“封转开”，但其受股市震荡影响，波动较大，不适合安放短期资金。

此外，还有定期转换的分级债基（通常A类债基折价），如德信A

(150133)，其每隔两年按净值转化为母基。在定期转换前，德信 A 相当于无风险债券（偿债能力由德信 B 保障）。德信 A 接近定期转换日，相当于债券接近偿还日。我们可以根据这个期限来匹配短期资金。如果其交易价格相对净值有折价，那么跟债基的封转开一样的道理，我们可以在定期转换成母基后，套出其中的折价收益①。

大多数股票型分级基金都是永续型，但也有少数几个基金是定期转换的，如中小 A（150106）、中小板 A（150085）等。这些股票型分级基金的 A 类份额与前述的分级债基 A 类相似，只不过定期转换时变成的母基是股票型，而不是债券型。需要注意，在定期转换后到赎回母基前②的时间里，投资者需要承担几个交易日的股票市场波动。再考虑股票型赎回费率较高，通常为 0.5%，所以建议定期转换日前可以当作债券持有，随着净值的上升交易价格也会有所上涨——但不要跨越转换日(转换日前卖出)。

【注意时间成本】

具体的交易品种可能有更多的差异化细节，需要投资人进行更加细致的了解。此类短期投资品种虽然收益高（相比“三大件”），但需要花费较多时间去关注资本市场（充分考虑时间的价值），所以建议非专业型普通投资者，只须稍微了解即可。

① 转换为母基后，我们可以直接按净值赎回，债基赎回费率一般在 0.1% 至 0.3%。此外，我们也以选择将母基分拆为 A、B 类子基，再分别卖出，佣金率跟股票交易相同，无印花税。

② 也可将母基分拆为 A、B 份额，再分别卖出。但是分拆需要耗费 1 至 2 个交易日，需要承担更多市场波动。

延伸阅读——短期套利

还有一些更专业的套利手段，适合短期流动性资金介入。这些套利短则两三天，长则半年甚至一年。它们的收益性和风险性则各不相同，通常收益越高，风险也相应偏高。

注意，不一定每笔短期套利交易都能产生正收益！某些短期套利可能亏损，但只要这些短期套利从概率上讲赢面更大，不断坚持下去，正负抵消后就可获得正收益。

【巴菲特致股东的信】

巴菲特在1993年伯克希尔公司致股东的信中，有一段文字很贴切地描述了套利与概率的问题：

当然，某些投资策略——例如，我们多年来的套利活动——就需要较大程度地分散化。如果某一笔交易中存在重大风险，我们就必须通过购买许多相互独立的交易，来降低风险集中度。像这样，你可以迎着风险而上——任何单一的投资都可能招致损失或伤害——只要这些投资在概率上的赢面大，且相互之间并无关联①，收益覆盖损失后你就能成功。许多风险投资家就是采用这种策略，如果你也打算这样做，记得像赌场老板搞轮盘赌那样，他希望赌客频繁下注，因为概率对他有利。但是，不要接受单一的、巨大的赌注。

记住，不要拿下个月的伙食费进行高风险的短期套利！虽然完成套利的期限较短，但其风险高，不适合短期资金介入。

---

① 避免系统性风险，一个错导致全盘错。

这里简单介绍几种常见的套利方法：

赎回型套利

如果某个金融产品，既可以交易，又能申赎。那么当其交易价格低于其净值时，我们就能以打折的价格买入，再以不打折的价格赎回，以赚取其中的价格差。可以赎回套利的品种，包括 LOF 基金，ETF 基金，也包括分级基金——分级基金的子份额可以交易，子份额可以合并为母份额，母份额可以赎回，绕一圈以后相当于满足条件。

许多赎回套利在一段时间里会持有多头①仓位（因为完成整个套利程序需些时日），所以对股票型基金、大宗商品型基金，会有一定的持仓风险——除非采用其他卖空手段对冲掉。而对于波动较小的品种来说，持仓风险可以近似忽略，如货基和短融债基。

在套利时，记得考虑买入的交易费率和赎回的费率，这些摩擦成本通常被称为套利的“路费”。当然也有不收路费的——前面我们曾提到过场内货基套利，许多券商和基金公司就不收路费。

与赎回型套利类似的，还有申购型套利。这种情况发生在交易价格大于净值时。**申购型套利的确定性不如赎回型套利，因为交易价格比净值的变动幅度更大，变动速度也更快。**赎回性套利是先锁定交易价格，再套出净值。申购型套利先锁定的是净值，等想要完成套利时，交易价格可能已经出现较大变动（如被套利盘踩踏）。

期现套利和跨期套利

期现套利发生在现货与期货之间。它可以是某个农产品、能源原料、贵金属品种，也可以是股指期货。比如 3 个月后交割的某个股指期

① 多头仓位：价格上涨可以获利，下跌则会产生损失。看多也即看涨，做多也就是买进。空头仓位、看空、做空则刚好是三个与之相反的概念。

货品种，点位比现在高 3%，那么我们可以买进对应的 ETF 指数基金，同时按同等仓位卖空该品种的股指期货。因为我们同时持有现货多头和期货空头，它们之间相互抵消，不论股指涨跌都不会影响最终收益。在期货临近交割前平掉所有的仓位，3 个月时间即可获得约 3% 的收益（记得扣除手续费）。

多数情况下，未来的价格应当高于现在的价格，因此期货价格常常高于现货，这种情况称为“升水”。我们可以用多现货、空期货的策略进行套利。如果投资人普遍不看好某个品种未来的价格，也会使期货的价格低于现货，这种情况称为“贴水”，此时我们可以用空现货、多期货的策略进行套利。

同样地，跨期套利与之类似。它是在同一期货品种的不同月份合约上建立数量相等、方向相反的交易头寸，等待价差回归平稳后再进行相应的反向平仓。

注意期货是保证金交易，也就是说可以“上杠杆”。请务必保持合适比例的保证金，否则将在巨幅震荡中面临爆仓风险，爆仓后即无法完全对冲头寸。此外，期现套利还可能在极端情况下遭遇政策风险，如限制新开仓量（可能导致平仓时找不到交易对手），提高最低保证金水平（保证金不够则必须提前平掉一部分仓位）等。

最后，还须留意套利活动获利空间的大小，因为套利需要投入资金，许多时候我们只是拿回了资金的时间价值而已（就像买债券收利息一样）。

私有化或部分要约收购等套利

私有化即大股东或外部公司发起收购要约，收购所有公众股并退市。部分要约收购即收购一定比例的公众股，但继续维持上市公司地位。

无论哪一种收购，收购方都需要报出一个收购价，这个价格通常要高于市场价。所以这种套利方式只需要买进，然后乖乖地等着被高价收购即可。当然这并不是无风险的，主要的风险是因为从收购方案出台到最终收购成功，还需时日，大多需要半年以上。这段时间里可能发生：

（1）收购失败。比如无法通过相关部门批准（如反垄断调查）、无法通过股东大会、达不到方案的最低收购数额、收购方反悔撤出、无法获得债权人一致同意等。感兴趣的同学可以参考 2015 年融创中国收购佳兆业的案例。

（2）调低收购价。本来股价 5 元时，大股东或外部收购方提出 6 元的收购价。但是正式收购前股市下跌了，5 元的股价跌到 2 元，此时收购方不甘心再用 6 元的价格来收购，就会提出调低收购价。公众股东如果不干，他干脆就撤销收购，拍屁股走人了。

类似的还有吸收合并换股中的“现金选择权”。一般吸收合并换股方案，都会附带现金选择权，如果你不同意并购方案，可以选择拿银子走人。如果股价跌至现金选择权的价格之下，可以考虑买入并等待行权，或等价格回升后卖出。

因为各种并购方案不尽相同，限制条件也五花八门，所以务必仔细阅读并购方案，考虑各种可能性。

停牌股套利

某些股票因为种种原因停牌无法交易，但持有这些股票的基金却仍然可以交易或申赎。如果某只基金持有较多份额的停牌股票，而这些停牌股票复牌后可能大涨[①]——通常这种大涨是连续一字涨停板，我们买不到，这时就可以通过买入或申购对应的基金来进行套利。

① 主要有两种情况：一种是大盘上涨许多，停牌股票在复牌后将可能补涨；另一种是停牌因为重大利好消息，则复牌后也可能大涨。

当然需要注意其中的风险：如果套利过于火热，导致对应基金的价格虚高，显然不是个划算的生意。

【具体情况具体对待】

以上四条已经概括了主要的套利手段，说简单也简单，说复杂也复杂。简单在于其基本原理，复杂在于每一笔套利都面临其具体情况（外部环境也不尽相同）。真正要实施短期套利，还须具体情况具体分析。

如果你觉得此部分知识难度较大，可以不予理会，坚持“不懂的不做”即可。

第十一章

如何挑选自住型房产?

人生第二幸福的投资

《彼得·林奇的成功投资》一书中提到，在进行股票投资前先拥有一套自己的住房，买房是一项大多数人都能做好的投资。巴菲特也在2010年致股东的信中写道，他将购买位于奥马哈的自住房产看成人生第三成功的投资，因为他仅仅花了3.15万美元，就能和家人获得52年的美好回忆，而且还将继续受益（前两大成功投资是购买了一对婚戒）。

拥有一套自住型房产的幸福，是很难用金钱来衡量的。因为它是一个“家”的承载体，爱人的浪漫甜蜜，儿女的成长点滴，都将与之伴随。自住房产让你“落地生根”，它带给你的安全感、归属感是租房无法替代的——房东可能一年一年提高房租，或者因为某个原因就让你搬离。你可以根据自己和家人的喜好去装饰自住型房产，但租住型房产却不行。这些添砖加瓦的工程，对于你来说是生活享受，对于房东而言则是投入成本。简言之，这两者带给你的精神感受、生活质量都是完全不同的。

很少有一项投资品，可以达到这样美妙的效果。还记得货币这个重要的财富工具吗？持有货币能够买到很多东西，但必须把钱花出去——你无法把纸币或存折当午餐吃掉。股票、基金、债券等投资品也与之类似。但自住型房产则不同，**当你持有这项资产时，它能够为你遮风挡雨，还可以保值增值**。虽然未来房价可能涨跌反复，但只要你不是赶在房地产大泡沫时买进，长远看房价必定是曲折向上的。

房地产的保值增值性

铝曾经是非常稀有的贵金属，比黄金还要昂贵很多倍，欧洲的统治阶层甚至将其做成皇冠或餐具。当时，铝之所以稀有，并非因为它在地壳中含量少，而是因为铝金属活跃度高，当时的技术难以提炼。但自从电解铝技术发明以后，铝制品开始进入千家万户，已经不再尊贵。1946年世界上第一台计算机诞生，它重达28吨，要好几个房间才放得下，造价为当时的48万多美元，但其运算速度为每秒5千次的加法运算，这个运算速度甚至还比不上如今最廉价的手机（几百元）。它们为何“贬值”得这么厉害？皆因相关领域的技术进步，使得生产成本降低。再来看房产！目前的房屋建设结构主要有砖混、框架、框剪、钢结构等，所用的原材料无非是砖、混凝土（水泥）、钢材等。不同于电子产品的日新月异，这些生产材料和施工工艺几十年前就有了，建筑施工行业技术进步缓慢，这是房屋得以保值的一个重要因素。

在二手房买卖中，房龄是影响价格的一个重要因素，它还体现在室内装修以及外立面、电梯、大堂等公共区域。这些都是折旧因素，旧房当然卖不过新房的价格（其他因素相同的情况下）。如今新建住宅的设计使用年限多为五十年，实际使用上百年完全不是问题。因为使用年限长，所以自住型房产的折旧非常缓慢——你很难相信某个两年以后就会过期的食品可以保值增值。从时间维度上看，房产的折旧速度非常缓慢，甚至大多数时候低于通货膨胀的速度。

我们通常说的房地产，实际包括两部分，一个是房产，一个是地产。因为房产总是附着于土地之上的，它不会是“空中阁楼”。而房地产中的地产，更是保值增值因素中重要的一环。

土地资源是有限的、稀缺的，地球只有这么大。一块土地上如果盖了住宅，它就不能再拿来耕地或修路。其次，土地资源无法挪动，这意味着不同区域的房地产无法形成竞争，它不像瓶装饮料可以运来运去——农村的土地再广袤，也不能搬到北上广深去使用。与此同时，附着在土地之上的各类投资（例如基建、医疗设施等），也是无法挪动的。①

以上几个共同因素构成了房地产的保值增值性，而这个特性其实是相对的。相对什么来说呢？没错，相对货币来说具有保值增值性。前面我们已经提过通货膨胀的概念，随着时间的推移，钱越来越不“值钱”，相对来说东西就越来越“值钱”——房地产正是这样一件“东西”：它不会因为技术进步而贬值，也不像食品因为马上要过期而贬值，再加上土地资源的稀缺性，使得它具有保值增值的特性。这个特性在人口逐渐增多（包括人口流入）的国家和地区更加明显，因为人多了，相对来说地就少了。

不要过于依赖“专业人士”

许多人在购买第一套住房时，常常感觉摸不着头脑，因此而求助周边更“懂行”的朋友。因为我和爱人之前从事的就是房地产营销工作，所以许多朋友让我们帮忙选房。我们是他们眼中的“专业人士”。但实际上，过于依赖“专业人士”反而存在许多弊端。

首先受益的主体不同，你自己烧菜肯定讲究卫生，菜叶子洗了几遍还嫌不够，但是饭店里洗菜的小哥就未必这么想了。许多买房人找了“专业人士”以后，自己的主动性就降低了好几个档次，甚至有人买完

① 需要注意的是，我国的住宅土地使用权最长只有70年。《物权法》第149条规定：“住宅建设用地使用权期间届满的，自动续期。”但并未明确是否“免费”自动续期，这一点还需要看届时的政策。

房以后连房号和户型都不清楚（还真有）。看房、买房是件辛苦差事，只能靠自己。不要指望“专业人士”帮你跑十来个楼盘，还能帮你细细比较每个楼盘的优缺点。其次，“专业人士”带着自己对事物的看法（喜好）去给你挑房子，结果常常难以让你满意。他无法确切知晓你的喜好，如果把价格因素放进去就更加模糊①。谁都知道南北通透好过一面采光，但价格贵上二十万、三十万以后，该怎样抉择呢？只有自己知道！最后，“专业人士”出于亲情和友情帮忙，不指望回报（最多一顿饭），但却担心日后你对房子不满意（会埋怨他），试想这其中会否出现更多的沟通障碍？

综上所述，买房还是得靠自己，不能偷懒。“专业人士”留在最后阶段把把关就好。

挑选自住型房产的核心

如果详细介绍买房的知识，恐怕一整本书都讲不完。我在这里还是将关键点列出。**挑选自住型房产的核心出发点，就是你将来要住在这里，所以一切从你自身的需求出发**。如果你的工作比较固定，希望家离工作单位近，那么打开电子楼盘地图，在工作单位周边搜索就行。如果你喜欢清静，或者容易失眠，那么记得要选择远离公路、铁路、工厂的住宅单位，甚至还可以将靠近公园、风光带的住宅列入优先选择清单。没错，买房就是这么简单，心里想着你以后要住在这里，跟着自己的心（需求）走就对了。因为每个人的喜好不同，因此也不存在最好的房子，只有适合你的房子。

第一套房是购买自住型房产的关键，如果一套房买得不如意，生活

---

① 牵涉到价格问题后，都会有爱面子的心理，这是难以跨越的沟通障碍。

中总是有道“梗”，一有机会你就会想着换房。当购买第二套房时，你已经有了不少经验。所以在这里给读者购置首套房提点建议。

大多数人在购买第一套房时，还处于事业的起步阶段，手头资金有限（需要父母资助也很正常），因此最关注的三个因素往往是房屋的总价、地段交通、户型。因为房产面积受其总价的约束，加上小户型销售紧俏，所以很多首次置业者的购房路径是——价格一票否决制，在可接受的价格（首要）和地段（次要）里，找到可接受的户型（小户型）。对于他们来说，价格和地段框选出买房的范围，而买房的过程就只剩下挑选户型了。许多首次置业者一进售楼大厅，首先就是看户型，户型满意基本就定下来了。

这是首次置业最常见的误区：户型变成了决定性因素，许多其他方面就欠考虑了。总价、地段交通、户型确实是首要考虑的三个因素，但绝不是只应考虑的因素。不然入住后，各方各面的不满意就开始冒出来了。买房急不得，我们来看看买房前该做哪些准备工作。

步骤1：买房预算

首先应当考虑的，当然是买房预算的问题。2016 年 2 月商业银行贷款最低首付比例为 20%[①]，住房公积金贷款最低为 20%。虽然商贷要求购房者的月供不高于家庭收入的 50%，但基本都可以拿到最低首付比例。至于公积金贷款的可贷总金额，各个地区政策不同，主要参考公积金缴纳额度、已交年限等因素，因此不是所有客户都能拿到 20% 的最低首付比例。总体而言首套房使用 5 倍左右杠杆问题不大，也就是手

① 限购城市仍为 25%。

头有 20 万买房资金，差不多可以购买总价 100 万以内的房子①。

能够使用住房公积金贷款，一定尽最大努力用上。因为公积金的贷款利率比商业银行贷款低很多，别看每个月月供相差不多，积累二三十年可不是一笔小数目②。2016 年初，五年以上住房公积金贷款利率仅为 3.25%，对应商贷基准利率为 4.9%。有些开发商或置业顾问嫌公积金放款慢（影响公司资金回笼，影响置业顾问拿提成），会使劲劝你使用商贷（不要听）。

在政策允许范围内，公积金贷款请使用最大贷款额度，最长还款年限，这可能是你这辈子唯一一次低息长期贷款的机会。如果有富余资金，拿去做投资吧！投资回报率超过公积金贷款利率不是很难的事请。而且多出一笔灵活的资金，也可以应对意外大额开支。退一万步说，就算你未来投资能力不足以承担贷款利率，也可以选择提前还款。

虽然商贷利率更高，多数情况下仍可考虑多贷款并将还款时间拉长。个人贷款中，房贷是利率最低的品种。买完房以后，贷款金额可以减少（提前还款），但却无法增加了。日后如果遇到资金需求，就只能选择利率更高的消费贷等品种了。

通货膨胀使债务人受益，债权人受损——因为它降低了负债的实际利率。许多人忙忙碌碌一生不停存钱，而另一些人则借款扩大自己的生意。我曾经工作过的一个别墅楼盘，本以为它一次性付款比例的客户会高于普宅（都是有钱人嘛），谁想开完盘后，几乎所有的客户都贷了款，而且几乎都是顶着最高额度贷款的。因为他们很清楚，从其他渠道贷款，利率没有低于房贷的。

除了贷款总额，月供是另一个需要仔细思考的问题。通常的理财建

① 购房时还需缴纳契税、物业、维修基金等，这些费用不能贷款，所以总杠杆略小于 5 倍。

② 置业顾问往往会劝客户说：办公积金贷款流程手续太麻烦。其实不管什么贷款都要交利息，都是不划算的，反正几年后大家都是要提前还款的，还不如用商贷，省事多了。

议是，月供金额占家庭月收入50%以下为宜，其实银行在审批贷款时也有这个要求[①]。但实际情况是，不同收入阶层的消费结构是不同的，对于食品等必要性开支占大头的人群来说，减少50%的收入用于月供，难道要挨饿受冻？所以关键是考量：收入先除去月供，再除去日常开销，是否还能有结余。这个结余越多，月供压力越小。月度结余与月供的比值可用于衡量住房贷款的激进程度。

例如

(月收入－月供－开销)/月供＝100%[②]

这说明家庭每工作12个月，除了偿还当期月供及生活开支外，还可以多积累12个月的月供。

如果月度结余/月供是负数，那么说明必须消耗已有的家庭储蓄，或者继续借贷才能还得起月供。这是一个危险信号，提醒你必须抓紧时间在事业上混出个名堂来。此时请再次审视日常开销中奢侈性开销占比，你能否通过减少奢侈性开支改善财务状况？

务必保证

(月收入－月供－必要性开销)/月供 >0

尽管我建议尽可能多地贷款并将剩余资金用于投资，但有一点必须记住——就是你必须认真审视自己的财务结构，选择与之匹配的投资(收益性、风险性、流动性)。如果月度结余/月供是负数，那么你还得支取“老本”用于偿还月供。此时你的投资经受不起损失，股票等高风险投资显然不合适，安全等级较高的债券可能是较好的选择。建议当月度结余/月供大于100%以上时，才考虑高风险、高收益的投资品种。

在考虑合理配置资金的基础上，结合地段交通条件，将价格可以接

① 很多时候睁一只眼闭一只眼。

② 对于月度收入不稳定，或年度奖金较多的人群，也可以用年度收入来衡量。

受的楼盘都框出来。这个步骤可以通过房产网站来完成，如房天下、搜狐焦点、新浪房产等。这一步只是初筛，因此只要满足条件都不要放弃。尽管收入越低对价格越敏感，但支付能力应该用于初筛，价格不应当成为买房的决定性因素。俗话说“便宜没好货”，如果过于在意价格，找到的往往都是有着各种缺陷的房子。

如果你处在事业初级阶段，不要过于担心房贷压力，因为你以后的收入还会增长。即便今后你在事业上进步不大，通货膨胀也会推动工资上涨（特别基层员工）。与此同时月供水平却保持不变①，所以你的还款压力会越来越小。但如果预期未来三五年月度结余/月供依旧为负，还是值得警惕。本章的末尾部分还将继续探讨这个问题。

【了解】

最常见的还贷方式是“等额本息”，其次是“等额本金”。等额本息的特点是每期的还款额固定，因此还款早期利息多，本金少。等额本金的特点则是每期偿还固定的本金，因此还款早期月供大，还贷压力大。不论哪种还款方式，利息部分都是越来越少的——因为本金被不断偿还。

一些理财书籍存在认知错误，主要是忽略资金的时间价值，或把利息额的绝对值看作一项“花费”（成本），从而推断出某种还款方式更“划算”，或选择多长的还款年限更“省钱”。其实完全不用理会这些，因为借贷的成本全在于利率。不管采用何种方式，在本金变少、借款时间变短的条件下，利息自然会降低。如果按此理解，不贷款则不需要支付利息，这种方法岂不是最“省钱”？

---

① 在央行不调息的情况下，月供不会变化。即使调息也主要影响月供中的利息部分。

步骤 2：恶补房产基础知识

在选定大致的方向后，别急着出门看房，不妨先补充一些房产基础知识。这些知识在网络上可轻松获取，试着搜索“买房准备工作”“买房注意事项”“房地产基础知识”等关键字。带着这些知识出门，一方面不至于被置业顾问说得愣头愣脑的，另一方面也能对各楼盘的特点印象更深刻。

这里列举一些买房时值得重点关注的项目：

（1）容积率：整个小区地上的总建筑面积除以用地面积所得的比例。这个数字越高说明房子盖得越密，所以容积率越低，居住越舒适。

（2）建筑面积：套内面积 + 公摊面积。大多数城市按建筑面积埋单，也有按套内面积埋单的（如重庆）。其中套内面积指的是所有房间的面积 + 墙体面积 + 阳台面积。经常有楼盘广告说，赠送 × × m^2 面积，究竟怎么回事？你可以先了解下面积测量相关知识，搜索“房屋测量规范”，许多城市还有自己的执行细则。例如，非封闭阳台按一半面积计入，净高低于 2.2m 的飘窗不计算面积等。如果觉得测量规范太复杂，也可直接搜索“开发商如何偷面积”。

（3）得房率：套内面积/建筑面积。一般来说这个比例越大越好，这说明电梯井、楼梯间、公共过道这些公摊面积小。①

（4）绿化率：植被垂直面积与建设用地面积之比。相似的概念还有绿地率，它需要去掉“垂直”二字（绿化做坡，两者就会有差异。）

（5）车位配比：1∶0.6 指的是每套住宅配比了 0.6 个车位，1000 套住

① 也要注意看看，公共区域的布局是否过于拥挤，我就见过两梯十八户的房子（非公寓楼）。

房就是600个车位。随着汽车的保有量不断增加，停车越来越难是趋势。

（6）板楼：简单说就是一梯（或多梯）两户，南北通透。塔楼（蝶式）：以电梯井为中心筒，多个户型围着中心筒打转，因此不同户型单位之间总会有一点遮挡。①

（7）净高：房间内地板到天花板的高度。层高：净高+一层天花板厚度。普房的层高一般有2.7m或3m两种，前者造价更低（100m高的房子可以多出一层楼）。

（8）暗卫：卫生间没有自然采光和通风，与之对应的概念就是“明卫”。卫生间如果通风不畅，除了积压气味，还容易生锈和发霉（我已深有体会）。

（9）毛坯房：入住前需要自己搞装修的就是毛坯房，对应的概念是精装房。注意开发商报出的“装修价格”（如“送××元豪装”）往往是偏高的。

（10）预售许可证：有这个证才能对外销售，才能签商品房买卖合同，交钱前先看看有没有预售证。通常说的“五证”，其实只要有预售证，前面的四个证肯定是已经办下来了。

（11）土地性质：住宅用地（批地后70年）、商业用地（40年）、综合用地（50年）。注意一些小户型公寓可能是商业用地，除了产权是40年外，它们的水电费按商业计算，会贵很多。

（12）订金：交了订金以后如果不想买，开发商必须退还。定金：开发商将其冲抵违约金，可以不退。同时注意看订（定）房条款，许多工作人员也常常搞混。开发商拿到预售证前是不能收钱的，但业内很多开发商暗地里收取“订金”（遇到没有预售证还想不退钱的开发商，直接打电话给房地局）。

① 卧室尽量远离中心筒，即使隔一道墙壁，仍然可能听到电梯运行噪音（防噪条件差）。而且一些放置于公共区域的水表、电表，在余额快用完时还会发出尖锐的蜂鸣声，提醒用户注意。

（13）网签：目前的《商品房买卖合同》都需要在房地局网签（还有预告登记等一系列流程）。网签以后你还能在房地局官网查到对应房源的状态（已售、未售）。别小看这个东西，业界就碰到过几次开发商（或外包的销售团队）不通过网签，从而一房多售（或房源已经抵押贷款，无力偿还也无力解抵押），最后套取资金跑路的情况。

（14）违约金：记住违约金不能超过标的物价值的20%，超过部分无效（法律不支持）。

除去以上项目以外，还须了解交房时间、物业公司及物业费水平等项目。

步骤3：细心比较，做出决定

通过看房，慢慢缩小选择范围。首先关注“一票否决项”，将部分楼盘排除掉。例如，晚上睡眠不好，临近噪音源的楼盘就可以一票否决了。每个人的“一票否决项”不同，看你最无法忍受的是什么。许多小孩临近升学的家长，就比较在意楼盘的学区划分，因此对于教学质量较差的学区楼盘一票否决了。

在排除掉一些楼盘后，选定几个重点关注楼盘进行对比。一些重点考量因素被列在表11－1中。

表11－1　选房打分对比表

得分 / 因素	权重	得分			
		楼盘A	楼盘B	楼盘C	楼盘D
1、地段					
与生活圈、工作圈的距离					
周边学校（学区划分）					
周边休闲（公园、沿江风光带等）					
周边商圈					

续表

因素 \ 得分	权重	得分			
		楼盘 A	楼盘 B	楼盘 C	楼盘 D
周边医疗					
2、交通便利性（地铁、公交等）					
3、户型（室内布局、朝向、通风采光等）					
4、价格（单价、总价）					
5、小区内配套设施（幼儿园、娱乐中心、商铺等）					
6、小区整体规划设计（楼栋布局、人车分流等）					
7、绿化景观					
8、车位配比或价格					
9、工程质量（施工单位资质、建筑用材等）					
10、开发商品牌					
11、物业公司品牌及费用					
12、扣分项（不利因素）					
噪音源影响（工厂、交通、商业等噪音源）					
空气污染影响（工厂、污水处理厂等）					
其他不利因素（变电箱、垃圾站等）					
合计	100%				

根据对不同因素的喜好程度，你可以对其设定不同的权重，然后给各楼盘打分（百分制更方便统计），用各项分数乘以权重，最后归总。这张表格可以帮助比较，但你不一定非要选择得分最高的——权重的设置和分数的评判都是主观的、不精确的，因此所得的结果也是模糊的。之所以做这个表，是为了方便你回忆各个房源的优缺点，考虑更周全，避免受“晕轮效应”[①] 影响。

没有十全十美的房子，往往各个条件都好的房源，价格就贵了。你只能找到相对心宜的房源，做决定的同时也是在做取舍。这里继续提供一些建议，供最后决定前参考：

① 指受人或事物的某一个优点（缺点）影响，进而看不清其他方面的真实品质，以点概面。

（1）在看完所选的户型图纸后[1]，记得务必要看一下楼层图（或者CAD 施工图纸）。你所选的户型图只代表你这一户，不能体现整个楼层的布局——说不定推开窗就可以和邻居“握手”了。如果可以，尽量去楼房实体看看（正在施工则注意安全）。

（2）户型图注意看标识的尺寸，不要以为户型图里画的床、柜子等，都可以像图中所示那样摆得下。对一些家具的尺寸，可以先去实体店或购物网站搞清楚，试着自己把家具画图填充进去。注意家具与家具之间的空隙——人体通过距离如果低于 0.6m，就会感觉压抑，迈不开脚。这里再提示两个重要的卧室尺寸，3.1m 和 3.5m，如图 11－1 所示。

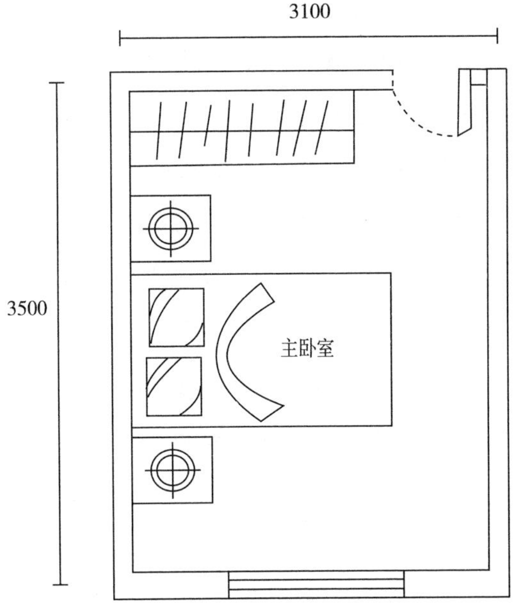

图 11－1　主卧结构与尺寸

① 户型设计难以十全十美，有得就有舍。比如向光面只有那么多，如果多分给卧室，剩给客厅的就可能少了。又如私密性好、通风性好的房子，往往户型内的过道面积较多；反过来说，浪费面积少的房子往往各个房间都朝着客厅开门。当然也有一些户型，没有得，全是舍，简直无力吐槽。有兴趣的同学可以搜索“私密性、动静分区，干湿分离，餐厨客一体化”等关键词。

横平方向上如果低于3.1m，那么这张床像这样就放不下了，只能将床边靠墙放。3.1m是最低尺寸，这个长度在选择床具时必须选最短的（几乎没有床头的那种）①。竖直方向上如果低于3.5m，就没办法按图中所示放下1.8m宽的床（只能选1.5m宽的床）和衣柜，这个尺寸在挑选主卧时应特别注意。

记得一定要留意空间尺寸，特别是小户型买家。不要相信开发商画的户型图纸，样板间的家具也都是定制的（缩小过尺寸，使空间看上去大）。其他细节不再一一阐述。

（3）房屋光线好和“能被阳光照射到”是两回事。因为大气层对光的散射，许多房间不需要被阳光直射也能获得不错的采光。尽管如此，至少要有能晒到太阳的阳台，用于晾晒衣裤（阳光杀菌）。

留意户型的朝向。因为我们都在北半球，所以南向可以接受更多的阳光。北方的房屋朝向比较周正，但南方很少有正南正北的房子，需要拿指南针简单模拟一下阳光照射②。比较容易忽略的是，东南侧或西南侧的物体，会遮挡早晨或下午的阳光，如一些蝶式楼就容易被隔壁户型遮去阳光。

（4）9至11楼是扬灰层纯是误传，已有试验证伪。但注意靠道路的房屋，PM 2.5值（由于汽车尾气）要高一些，而临高架桥这个浓度最高（双层道路影响），差不多高架桥高度往上的两层楼PM 2.5达到峰值。

（5）不要买一楼，甚至二楼（即使有架空层）。一楼靠近绿化带，

---

① 试着演算一下：先去掉两个半墙厚——0.24m的砖厚，再去掉床的最低长度2.1m至2.2m，预留出0.6m宽的过道，还剩0.06至0.16m。注意这里还没算墙壁水泥抹灰的厚度和地板踢脚线的厚度（0.1m宽，围着墙壁转一圈，拖地时防止弄坏墙壁的东东）。

② 太阳东边升起——东南——正午南——西南——西边落下。感兴趣的同学还可以网络搜索“地磁偏角”。

蚊虫特别多。如果下水道堵了，一楼就会“水漫金山[①]”。此外，南方的低楼层春季容易潮湿。

（6）不要买顶楼：不管置业顾问如何忽悠，不管顶楼如何便宜，记住这五个字。顶楼除了冬冷夏热外，漏水渗水（易发霉）几乎是无解，而且顶楼靠近电梯机房，可能会有噪声污染。

（7）注意小区内变电箱和垃圾站（每个小区都有）的位置。许多开发商并未在沙盘模型上标注，或者故意标注不明显。

（8）注意小区内的水系。如果物业公司不好，日后的水系经常是没水或臭水。夏天的时候，还有大把青蛙（不是人工饲养，野生就会有）连夜哇哇叫（交配的季节自然会躁动）。靠近水系的房源往往因为景观优势反而卖得更贵。别花钱不讨好。

（9）特别注意铁路，这一点容易忽略。火车的声音可以传播很远——不是“哐啷哐啷”声，而是尖锐的鸣笛声。最终下决定前要排除周边不利影响，最好利用百度地图逐项查找，看看周边有没有铁路、化工厂（城中心也会有未拆迁的）、污水处理厂等。

最后的绝招：故意在看楼盘时，相互提及竞争对手楼盘。这样置业顾问会把对方的不利因素都详细告诉你（置业顾问已有销讲培训），有许多不利因素是你发现不了的，例如关于楼盘周边的未来不利规划，或者过往的不利历史因素。有一次我就是利用这个方法，才知道某个楼盘的土地之前曾是化工厂，土壤环评可能存在问题。

看完以上内容，相信你也觉得买房确实是件辛苦活，“专业人士”是没办法帮你面面俱到的。不过没关系，排除掉不利因素，剩下的就是

---

① 排污管就是那种白色的大根的塑料管，有一段会穿过房屋外面的绿化带。日子久了土壤会发生沉降，沉降不均会对管道产生剪力。如果运气不好，开发商用的排污管脆性不好，就会被压断堵塞，最后楼上所有楼层的排污都会溢出到一楼。我知道的一个楼盘就多次发生，最后一楼的住户常常去售楼部闹事，开发商便偷偷给一楼单独安装排污管。后果你懂的，以后主管堵了就轮二楼了。

好东西，只要认真总能选到合适的房子。买完房后，慢慢享受这“第二幸福的投资”吧！

要不要考虑二手房？

不少楼盘一二期已经售罄交房（但房主有二手房出售），后面的三四五期还在接着卖（开发商新房出售）。在绝大多数时候，同等条件的二手房总无法卖过开发商的一手房，即使便宜5%也很正常。

这是什么原因？为何所见即所得的现房反而卖不过期房？因为开发商有舒适豪华的售楼展示大厅，有沙盘模型等精美的销售道具，有反复培训善于言辞的置业顾问。开发商为了卖掉一套房，平均要付出约占房价1.5%至2.5%的营销费用。这些营销方面的努力提高了产品的溢价能力，而房屋一经售出，房主想要转卖二手房，就完全没有这些优势，只能打出更便宜①的价格。

对于自住型买者来说，如果挑选房龄较短、特别是未经使用的二手房，实际跟买新房没什么区别。而且二手房还有一个最大优势，就是多为现房，你可以直接到房子里一探究竟，所见即所得。但开发商卖的新房则多为期房，只能看看图纸。

其他条件相同的情况下，理性的购房者完全应当选择价格更低的，这一点毋庸置疑。但如果是首次置业者，即便是打算选择二手房，你也应当多去售楼部看看新房，可以增长不少房产相关的知识——毕竟看房又不花钱。

如果打定主意买二手房，这里给两条建议：一是有些房源是因为有瑕疵才出售的，因此看房时必须打起十二分精神。二是如果打算买学区

① 即使考虑二手房中介的成本，依旧更便宜。

房，一定要搞清楚二手房是否满足入学条件（指标）。许多入学指标是因为开发商资助了学校（甚至开发商出资代建），但一些好学校常常因为学生超员，不得不采取限制措施，例如一二期可以，三四期不行；或者一手房可以，二手房不行等。

尽管二手房价格相对便宜，但大多数人还是愿意选择新房[①]。难道是购房者不够理性吗？不是的。主要原因有：

（1）搜索成本太高。每次看房都只对应一套房源，约中介、约房东都太耗费时间。去售楼部看新房，则可以随到随看，挑选的余地也大（不同户型、不同楼层）。注意：时间也是有价值的。

（2）二手房交易手续更繁琐。特别是原房东采用贷款方式买房的情况下，买方卖方都需要跑许多趟，交易拖时。有时正赶上房价大涨，原房东违约转售（或干脆不卖了）的情况也不少见（当然房价大跌，买主也可能违约）。

要不要做“房奴”？

中国地大物博，各地区房价差别很大，高低之间相差十倍以上。在高房价城市，买房、供房让普通人轻松不起来。虽然专家不停地喊“房地产泡沫”，类似日本“失去的二十年”，但是房价依旧往上涨，丝毫没有回头的意思。许多人集上下三代人之力凑齐首付，然后背上二三十年的房贷，节衣缩食每一天。

通常人们用两个指标来评估房价的“痛苦指数”。一个是房价收入比，即住房价格与城市居民家庭年收入之比。例如这个比值为20，也

① 在某些城市的成熟地段，新房很少，二手房很多，情况可能有所不同。

就是说 20 年的家庭收入[①]还得不吃不喝才能买下一套房。另一个是"售租比"，即每平方米房价与每平方米月租金之间的比值。例如这个比值为 360:1，也就是说依靠租金[②]需要 360 个月才能收回本金。我们将这个数值稍微转换一下，即为 30 年，从而得出租金的年化收益率为 3.33%（静态）。

房价收入比和售租比，这两个指标的比值越高，"房价痛苦指数"也越高，同时也代表了"房价泡沫化"的程度。**但是需要特别注意：房价有"泡沫"，并不代表房价就一定要马上下跌，也不表示一定会以房价下跌的方式结束泡沫。**

一方面，日本在上世纪 90 年代初（约 1991 年开始）房地产泡沫破灭，房价崩盘并迅速跌去八成，许多城市的房价在二十六七年后仍未回到原高点。在泡沫顶峰，以整个东京的房价就可以把整个美国买下。另一方面，中国许多热门城市，房价在十年前就已经高得令人咂舌，十年间一直在涨，现如今也丝毫没有要崩盘的意思。早些年听信"房价崩盘论"而观望的市民，肠子都悔青了。地产开发商甚至打出了"年初不买房，一年又白忙"的销售广告。

房地产泡沫并不一定以房价崩盘来结束，它可能"软着陆"——货币贬值使得高房价不再"高"（业内有句话，"房价不涨就是跌"），或者人民收入水平上升，更高的支付能力得以支撑高房价。

本书的下一章会提及影响房价的各种因素，但我无意去判断未来一年甚至五年的房价走势。关于房价的预测，在同一时间总有众多专家给出截然相反的判断，并给出各种支撑论据。他们之中必定有一些人是对的，关键是我们没法预知哪些人的观点是对的。

尽管在本章前半段我们提及购买自住型房产的各种好处，但是，这是

① 静态，未来收入可能变化。
② 同样为静态，未来租金可能变化。

针对房价合理的情况。我们必须意识到，如果购房耗费的资金远远超出支付能力，而不得不因此背上沉重的负担，是否值当？这种尴尬就像是花了大价钱买了个金饭碗，却没有剩余的钱拿去买米。在这里，我们先谈一谈要不要做“房奴”这个话题，它涉及更多的不是投资理财，而是人生观、价值观、消费观。

如果说买房是投资，那么租房就是“融资”。投资关注的是投资回报率，融资关注的是融资成本。假设某房东买下一套600万元的住宅，而目前年租金约合9万元，那么房东就是投资了一套年回报率1.5%（静态）的资产。1.5%的投资回报率显然是偏低的，何况房产还需考虑折旧问题，可是为何房东还是愿意买下这套房？因为房地产除了是投资品，同时也是投机品。虽然房东花600万元买下，但如果两年后能以700万元卖出，对房东来说就是划算的——尽管届时的租金回报率可能更低。相对而言，租客放弃以600万元的代价买下这套住宅，仅仅用9万元的年化成本就可以入住，这跟花9万元/年的利息融入[①]600万元资金，本质上其实是一个道理，只不过融入的不是货币，而是房产，所以情况变得略微复杂。[②]

对于租房者来说，这种“融资”方式复杂的地方在于：一是未来的融资成本不确定，房租可能会上涨；二是租房有点类似嵌入了看跌期权——如果你计划着未来总要买入一套自己的房产，那么房价上涨时受损[③]，房价下跌时受益。如果你不再会买入高房价房产（或换城市买房），那么房价的涨跌于你影响不大，你的关注重点就是房租的变化。

面对高房价，你是要高价买入房产做“房奴”，还是要低成本“融资”借入房产，这是一个问题。你的选择取决于你的价值观。有人选择

① 融资分为股权融资和债权融资，借贷也是融资的一种。

② 某些城市，房地产与户籍制度、小孩上学等问题挂钩，意义又不一样了。

③ 当对“卖出期权”行权会产生亏损时，理性的投资者会选择不行权（不买房）来阻断风险。

前者，因为它更有“家”的感觉，“要结婚先买房”。为了这个“家”，吃再多苦也是甜的。有人选择后者，因为负担小活得轻松，可以留出更多的钱做自己想做的事。租房还有一个优点，在大城市人们花在交通上的时间很长，如果更换工作单位，租房的地点也可以随之迁移，因此租房更灵活。

面对高房价，还有一种做法就是“逃离北上广”——在大城市打拼赚钱，回家乡（或其他低房价的二三线城市）买房安家。或者卖掉大城市的房，回老家买七八套房，靠房租就直接财务自由了。为何这么多人愿意留在大城市忍受高房价？据说因为这里“机会更多”，公共资源更丰富。但我们要注意，机会更多的同时人也更多了。更多的人抢机会，机会不一定会落在自己手中。还记得房地产其实分作“房产”和“地产”两部分吗？导致高房价的主要原因不是房屋制造成本，而是土地的稀缺性。一个城市的人多起来了，地就相对少了。既然人多地少，自然就无法人人都买得起房，支付能力成为一道门槛，而与之对应的就是高房价。

一座城市，承载了太多东西，你的生活习惯，你的朋友圈！特别是在大城市长大的“原住民”，更加割舍不下。面对高房价，究竟该怎么抉择，完全取决于你的价值观！

这里特别提及的是，像某些高收入行业，如IT、金融、汽车制造等，并不是所有城市都有用武之地，它们的机会更多遍布在一、二线高房价城市。但如果仅仅只是普通的事业或工作，如负责招聘的人力专员——那么在你最初选择城市时，完全没必要为了“机会”让自己活得太累，没必要为了一寸土地和那些高收入人群抢个头破血流。

第十二章

如何布局投资型房地产

投资型房地产有哪些特点?

房地产可以自用，也可以投资。自用型房产虽也携带投资属性，但它不是投资型房地产——两者目的不同，投资型房产的目的就是获利。我们将流动资金配置于货币基金、短期债券等，将长期资金配置于房地产、股票、长期债券等。房地产在我们的资产负债表中被列入非流动资产，这点跟股票是一样的，只不过房地产有实物。

投资型房产，既然是投资就得要求回报，它只是“一门生意”。因此我们必须抛开感情因素，纯粹从投资回报的角度来看待。有时我们能看到一些建筑精品：设计师精心雕琢，建筑用材皆为上品，园林景观叹为观止，让人爱不释手，“有钱一定得买下来”！但是，从投资角度来说，它一定能带给你一个好回报吗？未必！

投资型房产，投资回报是一切思考的出发点。作为一种投资品，它有以下特点：

第一，交易门槛高。交易门槛主要体现在房产的价值量较大。一套房产少则几十万，多则数百上千万元。即使用了贷款，首付门槛也不低。如此大额的投资，可不像买白菜。投资房地产必须具备一定的经济基础，在日常开销之外积累一定的储蓄额，最好已经拥有一套自住型房产。

第二，变现慢。房地产交易时间长，短则一个月，长则三个月甚至半年。从打算出售到收到房款，中间还需要发布信息，与买者洽谈，办理手续等，这些都需要时间。

第三，交易成本高。房地产买卖需要缴纳契税、营业税以及各种手续费（包括贷款手续），如果通过中介渠道卖房，还需缴纳中介费等。虽然一部分交易成本转嫁给了买方，但实际上买方在购买前已经将这些成本考虑在内，如果“贵了”他就不会买。换言之，如果没有这些交易成本，你的房产可以更高的价格出售。

第四，抵御通货膨胀。房地产是一项实物资产，所以在货币贬值的同时，房地产有一定的保值能力，这一点在前面的章节已经提及。需要注意，房地产在抵御恶性通货膨胀（货币快速、大幅贬值）时的作用相当明显。

第五，投资与投机双重性。为何一些房地产明显不具备投资价值，但它的价格继续一路狂飙？为何会有“房地产泡沫”一说？这都是因为房地产除了是一项投资品，还可以是一个投机品。如果投机者预期房价将继续上涨，那么他可能跟风买入，从而推升房价。

第六，租金回报的稳定性。相对于其他投资而言，甚至相对于房价而言，房地产的租金都显得更稳定。我爱人前些年销售商业地产时，就经常遇到一类人群，他们本身在做实业（当“老板”），但每年都从实业的回报中抽出几千万用于购置商铺。他们为何忙着全城看商业？因为实业投资时好时坏，但房地产的租金收入相对稳定许多。古人有钱就“买田置宅”，今人也不例外，中国大多数富豪旗下都有大量房地产资产。

为何说租金是房产投资的保护伞？

房地产的投资回报来自两大块，一是租金收入，即房地产作为一项资产，我们把它让渡给其他人使用，进而收取的租金；二是买卖差价，房地产升值后，我们以更高的价格将其卖出，可获得差价收益。

我们先来看租金收入。租金收入水平由市场决定，也即由供需双方决定。相比而言，房产出租价格比售价更稳定——许多人炒房，但几乎没有人炒房租[1]。房租收入是一笔固定的现金流入，不论房价如何变动，投资人都可以通过房租逐渐收回投资成本。在买入投资型房产前，售租比指标值得关注，它在一定程度上反映了房地产的泡沫程度。如果房产投资只盯住下一个买家（更高价），那就称不上投资型房产而是投机型房产。没有只涨不跌的股市，同样也没有只涨不跌的房市——只是有时房价上涨周期过长，让人忘记了这一点。

对于住宅而言，需求由租房者的人数，租房者的收入水平，以及付费的意愿组成；供给由出租房的数量和质量，房东的预期回报率等因素组成。学校、工业园附近租房火爆，因为需求多（人数）；写字楼、金融中心附近房租水平高，因为租房者的收入水平高；对美食和娱乐热衷的城市，一般来说房租和房价都不高，是因为人们更愿意把钱都拿去吃喝。另一方面，空置率高的地区，供给太多因而房租水平很难提高；而房东的预期收益率也影响供给，回报率低于预期太多，房东宁愿空置。至于房屋的质量，一方面好房子会提高租房者的付费意愿（需求端），另一方面也提高了房东的投资成本，房东因此对收益会有更高的要求（供给端）。

对于商业房产而言也是一个道理，只不过商业的供需双方计算得更精明。作为供给方的房东，对租金回报的要求跟住宅一样。但作为需求方来说，房租是他经营的成本之一，谁也不愿意做亏本的买卖。既然付出了成本，就需要与之对应的收入来支撑——这与商业附近的人流和消费能力有一定关系。如果一个商业区的商户大面积亏损，那么对应的租金水平也很难维持下去。

说到底租金水平由供求关系决定，但如果从时间维度来看，又会如何呢？这里主要受两个因素影响：

---

① 许多城市有一门职业，被称为“二房东”：就是从房东那把房产长租下来，装修后再出租给第三方。这实际是经营了一门生意而非投机炒作。

一是通货膨胀。一方面，通货膨胀会推升社会平均劳动报酬水平，租住住宅的人支付能力提高（需求提高），会推升房租水平①；另一方面，通货膨胀也会一环一环推升生意人的各项成本（包括房租），生意人通过提高自己产品或服务的售价，来转移通胀压力，保持获利水平。综合而言，通胀会逐步推升房租价格。

二是房地产的动态发展。对某个房地产而言，其自身及周边都是动态发展的。例如，附近新增了一个地铁口，交通条件得到很大改善，人流也因此多了起来，自然会提高附近房地产的租金水平。深圳曾经只是一个小渔村，作为改革开放第一站，如今已经是一线大都市，随着这种向上的动态发展，租金水平乃至房价必然一步一步迈上新台阶。反之也是一个道理，如一些资源型城市，因为资源而兴起，当资源开发完后（或资源价格大幅下跌）又步入衰败。又如一些大型商场因为管理经营不善，客户流失，商户也纷纷出走，租金水平也就可想而知了。

我们可以把租金水平分为静态和动态两部分来看。在某一个时间点上，我们可以参考周边租金水平，这个是静态的。而在时间维度上，我们需要预估未来的变化，这个是动态的。相对来说，后者动态部分更难判断。我们不妨多了解市政规划，给自己提个问题："这个街区（及周边）未来会变成什么样子？"

说了这么多，到底什么样的房租回报率是比较适宜的呢？我们前面提到过售租比这个概念，这里也用这个概念来衡量。在没有大幅度通胀的情况下，房产的购买价是目前房租的 15 至 20 倍（静态），我认为是合理水平，即房租回报率 5% 至 6.67%。如果未来房租得以随通胀而保持上涨，那么收回初始投资额约在 10 至 15 年。而如果某处房产的购买

---

① 在人口、房源不变的情况下，如果所有租房的人收入水平都因为通胀而上涨了，那他们也必须支付更多的房租来竞争之前的房源（不然没房子住）。

价/年租金回报低于15倍，且其未来发展向好，我认为这样的房地产是具有投资价值的。

摸不透的房周期

房地产价格，可以连续上涨十年二十年（1997年我国福利分房制度结束后），当然也可以长期萎靡不振（1991年日本房地产泡沫崩盘至今）。要看对明年的房价走势并不难，因为选项太少——要么上涨，要么下跌，当然少数时候持平。这就像抛硬币一样，要么正面，要么反面，少数时候立在中间。

即使你看对了明年的房价走势，但是问题又来了：这是你的能力，还是你的运气呢？你是充分考虑硬币的磨损程度，它飞起来后的声音，当时的风向及温度，对方抛硬币时的表情、力度、习惯，还是仅仅答案跟结果刚好一致呢（运气）？另一方面，即便你认真考虑了前述的众多影响因素，就一定能判断准确吗？

判断明年的房价走势，准确率约为50%。要判断未来十年的房价走势，准确的概率就变为$50\%^{10}$，即约千分之一。也就是说，准确判断未来房价拐点是很难的一件事，以至于依靠运气或许更容易。有时一些城市的售租比、房价收入比都高得离谱，所有人都认为房价有泡沫，但房价得到投机性需求的支撑，仍然可以高高在上很多年。

许多经济学家总也想不明白，“房产崩盘论”提了一年又一年，但总是等不到这一天，实在看不透这个房周期。一些城市租金回报率低至1%，依靠租金需要100年才能回本（静态看）。虽然租金回报率很低，但租金仍然很高（因为房价更高），许多老百姓难以承受。如此看来，房产泡沫再明显也不过了。许多事情是很难预估的，即便你知道最终结果会怎样，但你很难预测这个结果什么时候会发生——别低估了一个人在看精彩电影时的憋尿能力。

房价水平来自买卖双方的供需较量，而租金水平来自房东和房客的较量，它们由两个市场上各自的供需决定。在一个城市，对于买不起房只能租房的人来说，他们的力量其实已经无法影响房价。另一方面，有钱人可能不多，但他们钱很多，投资或投机需求足以让他们掏出银子为高房价埋单。畸高的售租比和房价收入比就是这样形成的。

房价除了具备难以预测的周期性，还有明显的地域性。有的城市房价涨上天，有的依然趴在地板上。这当然与城市的经济发展，以及人口流入（流出）情况相关，但依然很难预测，它需要建立在众多的详细调研（包括城市未来的判断）以及不同城市之间的相互对比之上。

对于大多数人来说，房地产投资限于自己居住的城市①，且限于自己生活的年代。如果你在网上看到“某某因炒房发达”的文章，不要因此跃跃欲试——你们的地域可能不同，年代也可能发生变化（前十年赚钱不代表未来也能稳赚）。而他们之所以炒房发达，也不一定是能力比你强，可能只是运气比你好，生活在对的年代、对的地域，并做出了正确的选择。

靠运气不能叫投资，运气总有用完的一天。既然大多数人没办法依靠各种复杂因素去研判房价，那么我们就老老实实将房地产投资立足于租金回报率之上，因为租金水平比房价稳定得多。在此基础上，我们再来了解一些房价的影响因素。

如何看待房价？

影响房价的因素，说一千道一万，最后都还是体现到供需关系上。

---

① 除非你钱真的花不完，可以随着某某炒房团全国跑。

房价过热时期的宏观调控政策，大部分就是通过减少需求来起作用的，如限购、提高首付比例等。

影响房价的许多因素，与影响房租水平的因素相似，但房价的变化更复杂。这主要是因为房地产的投机属性——几乎没有人会在房租上做投机，但在房价上投机的人却可能一大把。在房价的需求端，还要加入一个投机需求。即便房价已经不具有投资价值，但只要投机者认为房价还将继续上涨，那他还是会买入并支撑房价。

影响房价的各项因素错综复杂，更关键的是它们难以量化。例如，宏观经济向好时，企业盈利能力增强，人们收入水平提升，必然对房价有正面拉动；与此同时，宏观经济向好伴随着加息周期，资本利率提高也提升了投资成本（借贷成本和机会成本），降低了房地产投资回报的吸引力，这又是偏负面的影响。别看每次才加息一点点，国外多次房价崩盘，加息就是最后一根稻草。

不要去预估房价走势，这个活哪怕是专家也干不好。正因为影响房价的因素过多，相互之间的作用过于复杂，而且无法量化，所以我的投资建议就是返璞归真，抓主要矛盾。我们可以静态租金收入作为投资的重要参考，最好是依靠租金 15 年以内可以回本。不要参与房地产投机，哪怕是你对房价上涨再有把握（硬币只有两个面，其实要猜对也很容易，但这不是投资）。如果依靠租金 20 年以上还无法回本，就得谨慎再谨慎（30 年以上是第二道警戒线），因为运气不好恐怕得“套牢二十年”。

除了用租金水平（静态）来把关，还需思考所投资房地产的动态发展（未来）。房地产其实分两块，升值的主要部分是地产而不是房产（建筑）。在远离房地产泡沫的基础上，我觉得可以重点从以下两个因素着手：

第一是土地的资金密度。如果某一天，你家周边突然要新建一个大型的商住房地产项目，投资几十上百亿元，什么超高层写字楼、五星级酒店、商城、电影院应有尽有。虽然你家的房子还是那个老房子，一点也没变，但房价却会升值不少。这是为什么？因为新建的大型商住项目，投入了大量资金，进而提高了周边土地的资金密度。

在许多城市，政府规划了新区之后，周边房地产就开始上涨，这是为什么？也是因为这些土地的资金密度在不断提升。政府规划新区后，还会进行招商引资，给予入驻企业一些扶持政策。企业不断入驻，不断在这块土地上投资，也就提高了土地的资金密度。

所以建议投资者多多关注城市规划。这个规划每个城市都有，短则五年，长则十年二十年。这里面的内容包括城市各区域的功能规划、交通规划、人口目标，GDP 产值目标、税收目标等，有些甚至连土地供应都有目标。通过城市规划可以了解城市的未来动态，发现商机——哪里可能会新建一条地铁线，哪里可能要规划成湿地公园等。

第二是土地的人流密度。一个地区的人流密度越来越高，房价也可能因此越来越高。因为土地资源是固定的、有限的，所以人流密度越高，土地资源就显得越稀缺。正所谓“物以稀为贵”！

一样的道理，如果某个年代出生人口很多（出生率高），那么等这些人口长大成人，也会推动一波房地产热潮（他们都要买房嘛）。我国的出生人口在 1990 年达到一个小峰值，约 2500 万人左右。随后逐步降低，2000 年左右开始稳定在 1700 万人左右。在这个出生时间往后推 25 至 30 年，刚好是对应年份的住宅刚性需求。这也是许多人认为房地产将进入“白银十年”的理论依据之一。

许多全国性开发商积极布局人口持续流入的城市，获得了不错的效果。这些城市的房价更坚挺，因为它们的人口密度在增加。中国的城镇化进程，就是一项农民迁徙进城的运动——乡里的往县城跑，县城的往省城跑，省城的往北上广跑。不断有外来人口流入城市，顶起了房价。反观那些人口流出的小县城（或城市），房价总是软趴趴的。

资金密度和人口密度不能割裂了看，有人没钱是无米之炊（消费不起高房价)，而砸了钱但没人就变成了“鬼城”(许多地方的楼房晚上一片漆黑)。

简言之，不管选择哪个城市，或是城市的哪个地方投资房地产，首先要以静态租金水平做保障，避免被房地产泡沫侵蚀。其次要思考所购房地产未来的资金密度、人流密度会如何变化。

主要的投资型房地产分作住宅和商业，还有纯土地、仓库、森林(林木资源)等。本章我们主要来看住宅和商业。

投资型住宅房地产

选择住宅房产投资，主要投资收益就是租金加房产升值。在关注租金回报率和所购房产未来发展的基础上，建议精挑细选，优先选择已经交房的二手房。

新房一般是期房，等待一两年以后才能收房，还得搞完装修(两个月)才能出租，这中间耗费的时间也是成本。假设租金回报率是5%一年，两年时间则损失高达10%。且同等条件下的二手房价格低于新房，等于把支付给开发商的营销费用给省下来了。如果二手房已经装修过，那装修部分的价格还要打个折扣。

从新房到二手房，初折的幅度比较大，这跟二手车类似：即使是刚买的新车也要给出一个较大的折价，但后期折价速度就会变慢，行驶3万公里和4万公里价格差距不大。投资二手房，就不必经历这个初折①。

除此之外，选择已经是现房的二手房，投资者除了更精确地评估租金水平，还可以实地看房，优点缺点一览无余，甚至包括物业服务质

① 投资房地产，租金和房价都能成为投资回报，这是时间维度上的。但房地产的折旧也是无法避免的，其他条件相同的情况下，旧房子肯定比新房子便宜。

量。当然你也可以在司法拍卖上寻宝，现在司法拍卖也开始互联网化，比以前方便很多。因为拍卖场上多是抵债或违法资产，所以价格被压在平均偏下。

在户型选择上，建议以紧凑型的两房、三房小户型为主。因为收入阶层呈金字塔结构，金字塔塔基的人数最多，所以在大多数城市小户型更好租，也更好卖（流动性好）。①

投资型商业房地产

一般而言，商业房产的投资额比住宅更高，更考验投资者的眼光，要做的准备工作也更多。挑选商业房产必须带着生意头脑，如果你认为自己在这方面“少根筋”，那么我建议多多考虑其他的投资品种。

在一座商场中，哪些位置的铺面更值钱？一楼比二楼更值钱，这个我们都知道，所以利润率最高的化妆品都分布在一楼。而处于同一楼层的不同位置又该怎么去判断价值呢？这一点你得仔细想想人流路线——还记得前面我们说过“人流密度”吗？其实都是一个道理。可是开发商也不是傻子，他早已给各个铺面标上了不同的价格，好位置当然更贵！你又该如何选择？

加上价格的因素以后，看来只能具体情况具体对待了。我这里能给出的两个建议是：不要在自己不懂的东西上冒险；一些死角位置的铺面，价格再便宜也不要买。

一座商场如果运营得好，其中的铺面也会升值。我知道的一座建材城，最初兴建的时候还不成规模，大家也不知道它是否能运营起来，所

① 凡事皆有例外，具体问题具体对待。我老家所在的县城，房价很低，而且大家住惯了大房子，所以小户型反而不受欢迎。

以卖得比住宅还便宜。现如今再回过头来看，热热闹闹的铺面已经升值了六七倍（五六年时间）。相反的例子也有，新闻中多次出现，某些商厦的运营方管理不善，商户纷纷出走，最后运营方也拍屁股走了，留下一堆烂摊子（谁也不愿意接）。人气一旦弱了，再拾起来真心不容易。买了铺面的业主无可奈何，最后只能长期闲置。我老家县城中心，十多年前开发的一个商业体，下面是商业街，上面是一整块的休闲广场。当时开盘销售火爆——因为它处在城中心最好的位置。但对当时购买的业主来说，却是一笔失败的投资，因为这种半地下且带顶盖的商业街，通风采光都不好，商铺卖出后连运营方都没有，荒废了好些年。

一般而言，不依赖于运营方管理能力的商业，风险更小（还记得吗？风险跟收益总是一对好兄弟）。例如靠近居民区的独立商铺风险小于专业市场商铺（如水产批发市场），独立商铺的风险小于大型商业中的铺面。但也有例外，比如某些主商城做成了标志性建筑，足以吸引人流，但独立商铺却围着商城里端建设（不临路），导致人流极少。

对于独立商铺而言，除了观察周边的人流、车流外，还需要注意周边的交通和停车条件。经常堵车的路段，许多客人会考虑交通痛苦指数。而假如周边停车不方便，又临快速路就会比较痛苦。此外，独立商铺的门脸一定要显眼，如果门脸（或门头）被物体（如树木）遮挡，价值就要大打折扣。同一个位置，同样面积的两个商铺，B 比 A 价值高得多（如下图）。或者说商铺的开间比进深值钱得多——因为前者的门脸更大。

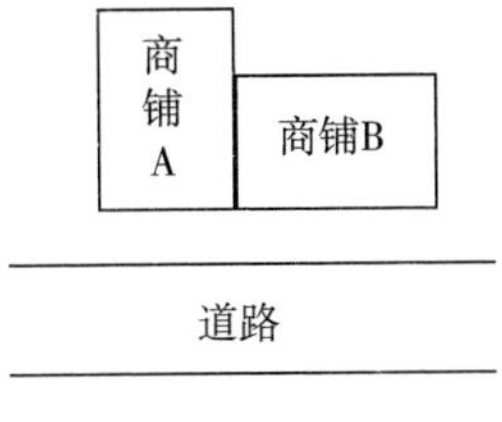

许多房东在经营商铺 B（开间大）时，将其隔断为大小两个铺面，可以获得更高的租金收入。如下图所示：

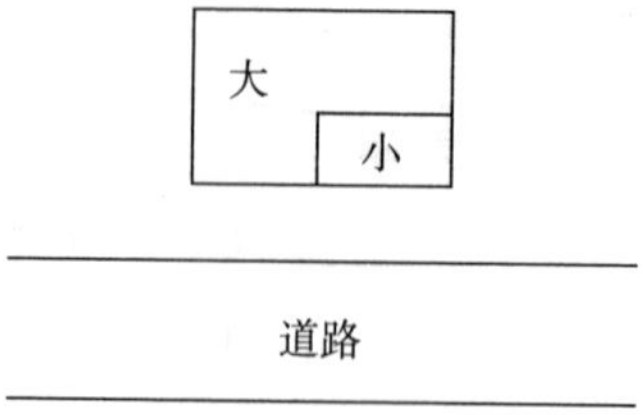

最后再补充一点，住宅的价格可以变得非常畸形（泡沫），因为人多了总要住房子，住宅房产有刚需。但商业没有所谓的刚需，商业的价格和租金水平更理性，毕竟附着于商业房产上的生意要能够进行下去，谁也不会把亏钱当饭吃（刚需）。

【人算不如天算】

真正危险的并不是风险本身，而是不知道风险在哪。

一个真实的案例：某小区底商出售时，其中一个商铺因为临小区入口而火爆，几个客户抢着要，最后托了关系才抢到。等到小区交房后，物业公司嫌出入口太多，运营成本高（须配置保安），把之前的四个出入口封闭了三个——包括这间商铺旁的出入口。

第十三章

债券：无泡沫的稳健投资

稳健的债券

债券是由政府、企业等主体向投资者发行的，按一定利率支付利息，并在规定年限后偿还本金的一种证券。

债券品种繁多，因而在流动性、风险性、收益性三要素上差异也较大。有的债券流通性好（可以交易），也有的只能持有到期。有的债券风险和收益都较低（如国债），也有的债券风险和收益都很高（垃圾债）。

我们在前面提到过短期债券，建议流动资金只投流动性好、安全等级较高的即将到期债券。如果手头有宽裕资金，才考虑投资长期债券，这是因为长期债券的利率风险更大。对债券及财务知识了解较深，风险承受能力强的人，才考虑适当参与高收益的垃圾债（艺高人胆大，富贵险中求）。

虽然债券投资的回报率同样有高有低，但不同于房地产、股票等投资品种——在债券身上几乎看不到泡沫。债券的模式就是还本付息，这很容易理解，也许正是这份朴素清洗了债券的泡沫——面值 100 元，一年后到期，利率 5% 的债券，它的价格怎么也超不过 105 元。

投资债券时，需要考虑通货膨胀因素。例如，某一年期债券的利率为 6%（不考虑税收），而这一年的通货膨胀率为 3%。因为一年后本金和利息的购买力都下降了，所以投资人实际获得的收益只有约 3%①。

① 精确计算为(100% +6%)÷(100% +3%)-1 =2.91%。

国债，安全等级高不代表铁定盈利

国债即以一个国家政府公信力发行的债券，是安全等级最高的债券，也被称作“金边债券”。但国债并不是零风险，俄罗斯、阿根廷、希腊等都发生过国债违约危机，并引发金融市场剧烈震荡。当一个国家欠的外债过多，国内经济严重下滑时，就容易发生国债违约事件。

我国自改革开放以来，经济蓬勃发展，政府公信力强，我们可以将其看作零风险。一般说国债“零风险”指的是信用风险（肯定不会赖账），但长期记账式国债仍将面临利率风险——买入国债也有亏损的可能。

根据不同的分类方法，国债的种类也非常多。我们主要了解兑取方式不同的两种国债：储蓄国债（凭证式国债）和记账式国债。储蓄国债主要通过银行渠道发行，有点类似定期存款，可以在到期前支取，但会损失一定的利息。在许多国家，国债的利率低于同期限的银行存款，因为其安全性更高。我国因为银行存款的大众普及率更高，存取更方便，所以有时国债利率反而略高于同期限的银行存款，故储蓄式国债是银行存款较好的替代品之一。

记账式国债则不能提前支取，但是可以卖给其他人，主要交易渠道有银行和证券交易所。其中银行渠道是做市交易（交易对手是银行），点差较高（相当于手续费，如图 13 – 1 所示）。

而证券交易所渠道（场内国债）则是卖给其他投资者，由买卖双方自由定价，交易成本较低（如图 13 – 2 所示）。同时我们还从图中看到，在约 2 年的时间里，该品种国债最低价位 92. 31 元，最高价是 101. 5 元，**其价格会随市场利率的变化而涨跌，这就是利率风险的体现**（特别是长期国债）。银行渠道也是如此，其做市交易时每天的报价是变化的。

相比之下，场内国债交易成本更低，而且还可以参与正回购，因此更受专业投资者欢迎，建议重点考虑（用炒股软件买卖即可）。买入具体国债品种前，记得看看历史成交量，成交量很小的尽量回避，以免急用钱时卖不出去。

市场名称	债券名称	交易类型	客户卖出价	客户买入价	详细信息	操作
债券市场	07国债03	做市	100.4000	101.4000	详细信息	买
债券市场	07国债10	做市	102.0000	103.0000	详细信息	买
债券市场	07特别国债02	做市	109.0000	111.5000	详细信息	买
债券市场	07特别国债03	做市	102.6000	103.6000	详细信息	买
债券市场	07特别国债04	做市	108.0000	110.8000	详细信息	买
债券市场	07特别国债05	做市	102.8000	103.8000	详细信息	买
债券市场	07特别国债06	做市	110.0000	112.0000	详细信息	买
债券市场	07特别国债08	做市	102.6000	103.8000	详细信息	买
债券市场	08国债03	做市	102.0000	104.0000	详细信息	买
债券市场	08国债10	做市	103.0000	105.0000	详细信息	买

第1页/共11页[◀1 2 3 4 5▶]

图 13－1 银行渠道做市交易界面

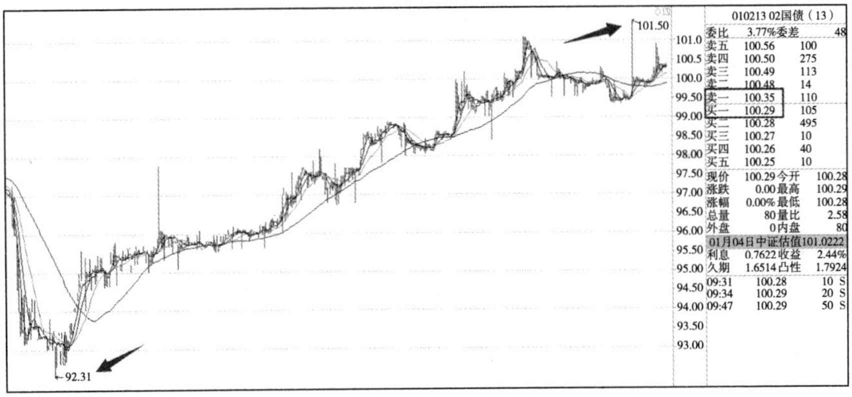

图 13－2 交易所国债交易界面

【期限配对】

如果不打算投机于利率变动，仅仅想拿回本息，那么请特别注意债券投资上的期限配对，以回避利率风险。

前面的章节中，我们已经提过期限配对，简言之就是“短钱不长投”。用在债券身上，就是两年内用到的资金不投资五年后才到期的债券。在图13－2的最左侧，我们看到国债（010213）的价格从97元左右跌至92元左右，这段价格走势发生在2013年的11、12月，短短两个月浮亏超过5%。

交易所债券，各类规则看花眼

国债以外的其他债券，主要在银行间债券市场和证券交易所市场交易。大部分债券在前者交易，但普通投资者多是通过理财产品等渠道间接参与，难以直接买卖①。所以我们主要来看看后者。

证券交易所债券，即在上海和深圳两个证券交易所交易的债券，我们可以通过股票账户进行认购和买卖。交易品种除国债以外，还有企业债和公司债②。交易所债券交易制度比较繁杂，而且经常更新，我们先来了解一下下面几个基本问题。

净价交易，全价结算

每张债券的面值是100元，最小交易单位为10张，也就是说最低准入门槛在1000元左右。票面利率以面值为基础计算，而非参照交易价格计算。交易软件上的报价，是不包含利息的价格（净价），一旦成交，买卖双方在净价的基础上还需支付和收取“利息包”（全价），这个利息包是根据面值和票面利率每天积累③的（一天天长大），到付息

① 2016年2月14日，中国人民银行公告〔2016〕第2号《全国银行间债券市场柜台业务管理办法》，将银行间债券市场的交易者范围扩大至普通投资者，由金融机构做市交易。银行间债券市场同样存在与交易所债券类似的投资者适当性管理，例如个人投资者需要年收入不低于五十万元，名下金融资产不少于三百万元，具有两年以上证券投资经验，才能投资AAA级别以下债券。

② 上市公司发债称为“公司债”，其他称为“企业债”。

③ 闰年的2月29日不累积利息，如2016年2月29日。

日再由发债主体一次性支付给持券者（利息包发放并清零）。

例如，某面值100元的债券，票面利率为8%，我们按90元的交易价格买入了10张。此时债券距离上次付息已经过去约半年，所以附带一个约4元的利息包（100×8%×0.5）。最终我们付出的买入价是约94元（90元买价+4元利息）。假如我们第二天仍然以90元的交易价格售出，那么我们并不是原地踏步，而是相当于拿到了债券1天的利息（记得还要把交易佣金算进去，别当冤大头）。

合理避税

对于个人投资者而言，除了国债免税以外，其他债券都要缴纳20%的利息税（个人所得税），在派息时自动代扣。对于公司法人而言，不收取利息税，但其利息收益要缴纳25%的企业所得税（可以用其他成本项冲抵）。公司法人从任何渠道获得的盈利都要缴企业所得税，所以它们不存在避税的问题，但个人投资者却可以合理避税。

在每天的交易过程中，债券都会带着一个利息包走，但是不管这个利息包落在谁手里都不收利息税——利息税只发生在派息的当天，也就是发债主体将利息支付给投资人的那一天，派息后利息包也相应清零。

因此个人投资者的避税动作其实很简单：在派息前卖出债券，派息完毕后再买回。如果持有某只债券的个人投资者较多，那么其价格可能会在派息前一个交易日大跌，这时须注意提前一周避税。如果某只债券的流动性较差（成交量小），而自己的持有量较多，也需要提前考虑避税问题。

个人投资者也可以考虑在几只派息日不同的债券之间轮换，以避开快要派息的债券。轮换时尽量选择期限相近、安全等级相近的债券，否则它们的价格走势可能分化。

购买债券基金的个人投资者请注意，当发债主体将利息派给基金时，已经代扣了20%的利息所得税。这个税收影响会反映在债基每天的净值里（每天预提），因此债基持有人的收益也受利息税影响。许多人认为基金是“机构”，因此不会收个人所得税，这是一个误区。其实这个利息税要么按自然人收取（20%个人所得税），要么按法人收取（25%企业所得税）。基金只是代个人投资者持有债券，所以税收按前者办。①

当然网络上也流传一种说法，基金公司会在派息日前将债券转让给法人单位（公司）代持，派息后再拿回来，以达到避税的目的。这一点我也无从考证，但单看各个债券在派息前日的成交量（与平时差不多，且换手率很低），我觉得这个可能性很小。即使有债基这么做，可能也只是很小一部分。

债券回售

因为交易所债券的期限一般都比较长（5年以上较多），所以许多债券在发行时约定了回售条款。例如某债券约定期限为“3+5”，那么投资者在第3年末时可以选择将债券按面值的价格卖还给发债主体（包括应付利息）。这种分段的设计模式，有利于降低债券的利率风险，减少投资者在升息周期中的损失。②

当然投资者也可以选择不回售（注意回售机会只有一次，过时不候），继续持有。每个投资者都可以有自己的选择，因此回售期过后债券的总量可能会发生变化。如果发债主体兜里资金紧张，不希望投资者回售，那么他还可以在回售期这个节点上，对票面利率进行调整（一般是调高）。但票面利率的调整幅度也是受到限制的，如1%以内，这个调整幅度上限在债券的募集说明书里可以找到。

① 许多“厚道”的债券基金将20%利息税写在招募说明书里，不过几乎没有人会注意看。

② 升息周期下固定利率的债券可能大跌。有了这个设计，我们就可以把债券卖还给发债主体。

分段偿还本金

一些债券在发债时[①]就约定分段偿还本金。比如，某债券为 10 年期，但是它在第 5 年末会先偿还 20%（如 124187，13 泰矿债）。这种模式方便发债主体安排资金：随着公司的发展，项目的投产，发债主体预计自己未来腰包鼓鼓的，所以考虑在某个时间点提前先还一部分，以减少利息成本。

当这只债券提前还款后[②]，面值就不再是 100 元了。比如，提前还 30%，面值就变成了 70 元，并且在债券前面标识“PR”（PR 某某债）。这是给投资者的提醒——不要看到某只债券交易价格才六七十元钱，便以为捡到了便宜（还真有人看见坑就往里跳的，拦都拦不住）。

合格投资者

个人投资者名下金融资产[③]不低于 300 万元，企事业单位等法人及合伙单位则不低于 1000 万元，就可以去券商那里开通合格投资者权限。不具备该权限则称为“公众投资者”。

感兴趣的朋友可以网络搜索“交易所债券市场投资者适当性管理办法”“上海（深圳）证券交易所公司债券上市规则（2015 年修订）”等关键词，目前的最新版为 2015 年 5 月底发布[④]。

这个两个文件是什么内容呢？大意就是说，2015 年 12 月以后新发行的债券，公众投资者就只能买 AAA 评级的债券[⑤]。如果债券被下调评级，那么公众投资者就只能卖（本就持有）不能买。因为 AAA 级的债

① 必须发债时就确定是否分段，不能中途插一杠。

② 这个提前偿还的本金是不收个人所得税的。

③ 证券账户里的总市值 + 现金，不包括账户外的资产。

④ 本书出版后可能还会有新的管理办法，届时以新办法为准。

⑤ AAA 是最高安全评级，顶格了。

券大多被机构持有，几乎没有成交量，而且利率偏低，所以“3A”对中小散户投资者来说有点鸡肋①。

在这个文件出台前就已经发行的老债券，仍然采用老办法。因为它们的收益性和流动性尚可，所以对中小散户来说弥足珍贵。但老债券出现以下情况时，也会变成仅合格投资者可买：

（一）发行人主体评级或债项评级为 AA－级（含）以下，或主体评级为 AA 级且评级展望为负面；

（二）发行人最近一个会计年度经审计的财务报告显示为亏损或经更正的财务报告显示为亏损的；

（三）发行人发生严重违反法律、行政法规、部门规章或者合同约定的行为，或者被证券监管部门立案调查，严重影响其偿债能力的；

（四）发行人生产经营情况发生重大变化，严重影响其偿债能力的；

（五）本所②认定的其他情形。

以上条款重点关注第一、二条。特别关注评级报告和年报的发布节点，如果债券被下调评级或发生亏损，就会变成仅合格投资者可买。**这种情况一旦发生，极可能导致债券价格大跌。**

【案例】

2015 年 12 月 9 日，评级机构发布报告，将 12 江泉债（122729）的主体、债项评级双 AA 降低至双 A＋，变成仅合格投资者可买。仅两个交易日，其价格就从 101 元跌至最低 80 元附近③。

折算率

前面我们提过债券逆回购，它比较适合短期流动资金管理。而与逆

---

① 目前情况如此，不知未来是否变化。

② 上海或深圳证券交易所。

③ 债券交易可以 T＋0，且无涨跌停板限制。

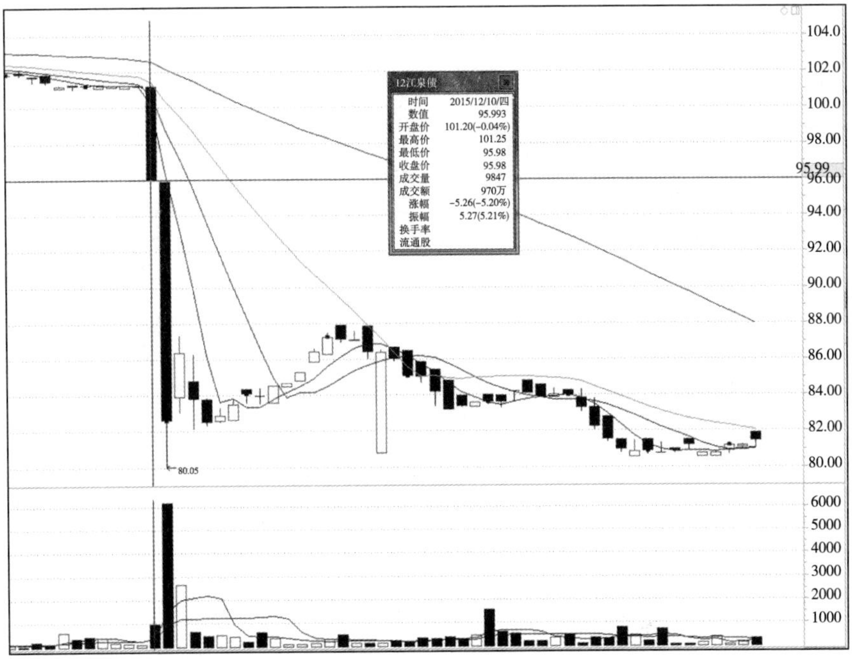

图 13－3　12 江泉债走势

回购相反的动作就是正回购。正回购利用手中的债券做质押，按交易价格融入资金。但是，由于各种债券的信用等级不同，价格波动率也不同，所以必须通过折算率的方法来整齐化一。

假设某种债券的折算率是 0.7，那么 100 张此类债券相当于 70 张标准券。如折算率为 0，即表示该债券不支持正回购。投资者将债券质押后得到折算后的标准券（额度），再去参与正回购交易。许多正回购融入的资金，最后又买回了更多的债券，相当于债券投资“上杠杆”——因为债券的利率收益常常高于正回购的利率成本，这样做可以套取中间的息差。由于个人投资者参与正回购也有 300 万的门槛，而且操作复杂，风险较高，所以本书不再详述相关的知识。

中登公司①每个交易日都会发布所有债券品种的折算率。当一只债

① 中国证券登记结算有限公司。

券的折算率突然被大幅调低后，它的价格也可能急剧下跌，这是因为用正回购上杠杆的债券投资人不得不去杠杆（卖出）。如果债券本身的基本面没有变化，那么此时是一个比较好的买入点——等那些去杠杆的卖出者平仓后，价格又会回升至正常水平。

【案例】

2014 年 12 月 8 日，中登公司发布《关于加强企业债券回购风险管理相关措施的通知》（中国结算发字〔2014〕149 号），暂时不受理新增“债项评级为 AAA 级以下、主体评级为 AA 级、评级展望为负以下”的企业债券回购资格申请，已取得回购资格的企业债券暂不得新增入库。简言之，就是债项评级 AAA 以下的企业债不能质押式回购了，相当于折算率变为零。

此文一出，许多债券应声下跌。一部分来自高杠杆债券投资者的平仓卖出，另一部分则源于对前者卖出的恐慌。然而这个规定并不影响债券的基本面（主要体现在还款能力），所以在风浪过后，债券价格又开始稳步回升。13 豫盛润（124112）就是其中的一个例子，它在新规发布后的两个交易日迅速跌去 5%，之后又回升至正常水平。

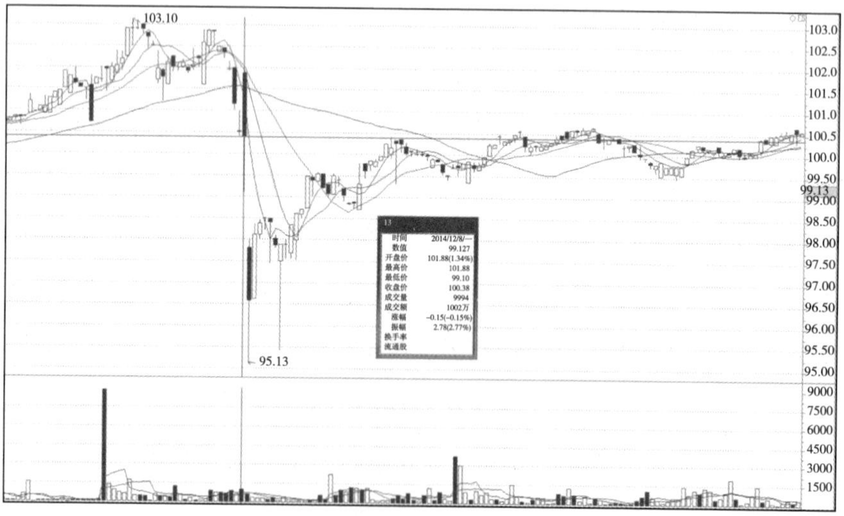

图 13－4　《通知》发布前后 13 豫盛润走势

停牌、暂停上市及终止上市

有时投资者突然发现自己的债券不能交易了，一查才知道是停牌了。这种情况俗称“关门”“被关”。债券被关一般都不是什么好事，而且放出来以后可能已经面目全非（价格）。最重要的还有流动性问题。如果债券被关期间投资人着急用钱，那么就是叫天也没用。被关门的以问题债券、垃圾债券居多。导致债券被关的情况有三种，分别是停牌、暂停上市、终止上市。

（1）停牌可以是发行人（发债公司）申请，也可以是交易所实施的，时间一般偏短。关于停牌的规定可参见《上海证券交易所公司债券上市规则（2015 年修订）》第五章和《深圳证券交易所公司债券上市规则（2015 年修订）》第六章。停牌一般是发行人有重大信息未披露（可能影响债券价格），或者出现不能按时还本付息等情形。

（2）暂停上市则一般是交易所实施的，具体规定主要参见《证券法》（2014 年）第六十条：

公司债券上市交易后，公司有下列情形之一的，由证券交易所决定暂停其公司债券上市交易：

（一）公司有重大违法行为；

（二）公司情况发生重大变化不符合公司债券上市条件；

（三）发行公司债券所募集的资金不按照核准的用途使用；

（四）未按照公司债券募集办法履行义务；

（五）公司最近二年连续亏损。

重点记住上面第五条的情况。

（3）终止上市也是交易所实施，一般面临终止上市的债券，早就已经暂停上市了（已被关）。具体规定主要参见《证券法》（2014 年）第六十一条：

公司有前条第（一）项、第（四）项所列情形之一经查实后果严重的，或者有前条第（二）项、第（三）项、第（五）项所列情形之一，在限期内未能消除的，由证券交易所决定终止其公司债券上市交易。公司解散或者被宣告破产的，由证券交易所终止其公司债券上市交易。

最后，债券到期前两个交易日就已经停止交易了，需要避税的投资者请提前准备。

影响债券价格的因素有哪些?

我们投资债券时，除了老实本分地收取利息，还要注意许多因素。虽然我们等着收利息，但如果债券价格下跌更多，还是会发生“浮亏”。再者，如果发债主体倒闭破产，债券投资人甚至可能血本无归。我们一起来看看这些影响因素。

市场利率波动（利率风险）

市场利率也就是市场上资金让渡（借贷）的收益或成本，它由资资金的供给方和需求方共同决定（供求关系）。市场利率是一个比较笼统的概念，它没有一个具体的数字，由各种花花绿绿的债权品种组成，如存贷款基准利率、银行间拆借利率、债券、民间借贷等。不同期限、不同安全等级的债权，所对应的利率水平也不同。而其中任何一个品种的利率水平变化，也可能会影响其他品种。比如存款利率上升后，债券收益率的吸引力便随之减弱。所以，债券的价格也会随资金供求关系作用而变化。

虽然市场利率这个名词比较笼统，但我们可以用某些品种的利率水平作为参照物，典型的有银行的存贷款基准利率、国债利率、上海银行同业拆借利率（Shibor）等。

当市场利率上升时（资金紧张时），债券的价格反而下跌。反之，当市场利率下降时（资金宽松时），债券的价格反而上涨。而且期限越长的债券，对市场利率更敏感（价格波动幅度越大）。

首先，市场利率是上升还是下降，该怎么去观察呢？我们可以观察参照物。就好像你在马路上开车，发现旁边的车子全都超过你了，那么很显然你的车速太慢了。同样的道理，如果存贷款基准利率屡次上调，说明我们处在升息周期，市场利率在逐步走高。

其次，为何当市场利率上升时，债券价格反而要下跌呢？我们先来了解一个名词，“到期收益率”（YTM），即持有直到债券偿还本息所获得的年化收益率。如某债券的价格是 80 元，面值是 100 元，票面利率是 10%，两年后到期。不考虑税收因素的话，两年后可以拿到 100 元本金和 20 元的利息，共计 120 元。相比 80 元的价格，收益为 40 元，此时到期收益率为 25%[①]。假如还是原来的债券，只是价格下跌到 60 元，此时到期收益率变为 50%——因为最终还是收到 120 元，相对本金 60 元来说，总收益提高了。

由上例我们看到，当债券价格下跌时，它的到期收益率是上升的。当市场利率上升时，债券必须也要提高它的到期收益率（通过降低价格的方式完成），不然买家觉得不划算——买的人少价格自然就低了。反之，也是同样的道理。

最后，为何期限越长的债券，对市场利率越敏感？我们假设一只 10 年后到期的债券，如果要提高 1% 的到期收益率，那么今后 10 年中每年都要牺牲约 1% 的价格，加起来才有 10%。对比之下，一只半年后到期的债券，同样提高 1% 的到期收益率，只需牺牲约 0.5% 的价格就行。这里再重复一次，我们应当做好资金的期限配对，不要拿短期要用

---

① 持有两年时间，所以要除以 2。(120 - 80) ÷ 80 ÷ 2 × 100% = 25%，未考虑所得利息的复利收益。

到的钱去投长期债券。

【骑乘效应】

在安全等级相同的情况下，一般期限长的债券到期收益率（YTM）也高，一般看作是对风险的补偿。因为时间拉长以后，债券的不确定性也增加，未来什么事都可能发生，如通货膨胀加剧、发债主体经营情况恶化等。

在持有长期债券的过程中，随着时间的推移，长期债券会慢慢变成短期债券，不确定性慢慢减弱，因此其到期收益率也随之降低。前面我们知道，债券到期收益率降低，其价格是上升的（债券通过降价来提高YTM，通过涨价来降低YTM）。所以在债券期限逐步缩短的过程中，投资者可以吃到一些债券价格上涨的差价，这种情况就叫“骑乘效应”。说白了，骑乘效应就是在长期债券持有期间，后半段将其一部分收益作为风险补偿，补贴给了前半段。

末了插一句，每年的6月底、12月底、春节前，这三个节点有可能资金紧张。因此在这三个节点的前后（前后皆有可能），债券的价格可能会下跌（是“可能”哦，万事没有绝对）。在度过资金紧张的节点后，债券价格会恢复至正常水平（上涨）。

【想一想】

在低利率谷底买入长期债券，跟在牛市顶点买入股票有异曲同工之效，都是套牢若干年。正确的做法应当是：降息周期（利率高点）应当持有长期债券，升息周期（利率低点）应当持有短期债券。

债券违约的可能性（信用风险）

如果发债主体到时候还不起钱，那么投资者没套着狼，还被反咬一口。我们计算了半天收益率，也是白费工夫。

就目前来说（2016年初），交易所债券最终都兑付了全部本息，有一些债券遇到了困难，但通过各方努力最终也都兑付了，而且延期兑付的债券还相应支付了罚息——这种现象被称为“刚兑”。正因为刚兑的存在，许多投资者乐于投资垃圾债。但是请注意，过往的历史不代表未来，如果哪一天打破刚兑，请不要感到奇怪。

当债券的安全性受到威胁时，其价格自然也会应声下跌。债券违约的可能性越大，其风险性越高，价格相应越低。为了判断发债主体的偿债能力，财经人士开发出一整套的财务指标，如流动比率、速动比率、现金比率、清算价值比率、利息保障倍数等①。这些指标可以通过发债主体的财务报表计算出来，了解这些指标需具备财务会计知识，故本书不具体展开。值得注意的是，企业经营是动态的过程，而这些财务指标却是静态的——发债主体的恶化速度可能超过你的想象。

关于债券安全性，这里我们抛开复杂的财务报表，提两个更简单的东西。一是债券评级。它分作债项评级（债券本身）和主体评级（发债主体）。由于债券本身可以有担保物，或第三方责任人担保，所以债项评级高于主体评级是有可能的。按照标准普尔公司信用等级划分办法，从高到低可划分为：AAA级、AA级、A级、BBB级、BB级、B级、CCC级、CC级C级和D级。中间还可以附带“+”或“-”。按照我国的拿捏尺度，许多投资人已经管AA级以下的债券叫垃圾债了。不过交易所债券的评级中如果没有A这个字母，就该十二分小心了。除了评级这个结果本身，感兴趣的读者还可以阅读一下评级报告。另一个

① 流动比率：流动资产对流动负债的比率；速动比率：速动资产（流动资产减去存货、预付账款、待摊费用等）对流动负债的比率，这两者用来衡量企业短期偿债能力。清算价值比率：有形资产与总负债的比率，反映公司清偿全部债务的能力（最坏情况下卖掉资产能收回多少本息）。利息保障倍数，息税前利润与利息费用的比例，用以衡量公司的盈利对利息的支撑能力。

重要东西则是债券的担保情况。担保分作两种，抵押物担保或责任人担保。例如，6 亿元的债券拥有某价值 12 亿元的商业楼做担保物[①]，如果发债主体还不了钱，这栋商业楼就可以拿去拍卖优先偿债。又比如实力很强的第三方（担保公司或大型企业）做担保，当发债主体无法还款时，担保人就要负责还款。有了这些担保增信措施，债券的安全性就大大提高了。

【了解】

这里有一个认识上的误区需要投资者注意。如某某债券由国家开发银行（下称“国开行”）提供流动性支持，当发行人对本期债券付息或本金兑付发生临时资金流动性不足时，由国开行向发行人发放贷款，用于偿还债券本息。许多投资人看到“国开行”三个字，便以为这只债券镀了金，可以高枕无忧了。请注意，这里的“流动性支持”和担保是完全不同的两回事。如果发债人的偿债能力恶化，银行是可以拒绝发放“流动性支持”贷款的。

其他因素

还有很多因素会影响债券的价格，如参与门槛。前面我们也提到了，债券一旦划入仅合格投资者可买（300 万元门槛），其价格可能大幅下跌。又如“比价效应”，当股市走出大牛市，许多债券投资者抛出债券去追股票，也会使债券价格下降。而在国际市场上，外汇汇率的变化也会影响债券的价格。此外，税收政策也会影响债券价格。

---

① 注意研究一下这栋商业楼究竟值不值 12 亿元。

第十四章

可转债：攻守中的矛与盾

下有保底，上也封顶的可转债

可转债，即可转换债券，它是一种由上市公司发行的债券，除了像普通债券那样还本付息，还可以按某个价格转换为上市公司股票。

我们可以选择将可转债转换为上市公司股票，但这并不是必须的动作。转股价之下它更像债券，可转债的最大特点就是下有保底。如果上市公司的股票不停地下跌，沉在转股价之下很深很深，这时可转债的价格不会跟着正股价格继续深跌，因为它有债券的属性，大不了就是“持有到期，还本付息”，这就是所谓的“下有保底”。反过来说，如果正股价格涨呀涨，因为可转债的转股价是固定的，所以当正股的价格在转股价之上时，可转债价格也会随着涨呀涨，许多人称之为“上不封顶”。但实际上也并不完全是“上不封顶”，因为可转债有提前赎回条款。如果你潜意识觉得它“上不封顶”，对其不闻不问，则可能遭受损失。

根据《上市公司证券发行管理办法》，我们先来看看可转债的一些通性：

第一，可转债发行期限最短不得低于 1 年，最长不得超过 6 年。在市场上，大部分可转债都是顶格 6 年期限。

第二，每张可转债的面值 100 元，不存在分期还款的情况。

第三，可转债也是有利息的，但利率一般都非常低。与普通债券的“净价交易，全价结算”不同，可转债的交易价格里已经包含了利息，相当于“全价交易并全价结算”。对于个人投资者来说，可转债派息时也要收 20% 的利息税。

第四，转股价格应不低于募集说明书公告日前二十个交易日该公司股票交易均价和前一交易日的均价。后期因配股、增发、送股、派息、分立及其他原因引起上市公司股份变动的，应当同时调整转股价格（跟分红以后要“除权除息”是一个道理）。

第五，可转债自发行结束之日起6个月后方可转换为公司股票。即可转债发行结束6个月以后，才进入转股期。

第六，可以有提前赎回条款（这个一般都会有），上市公司可按事先约定的条件和价格赎回尚未转股的可转换公司债券。比如三一转债（110032）就约定两种情况下可以提前赎回。

情况A，在转股期内，如果公司股票在任何连续三十个交易日中至少十五个交易日的收盘价格不低于当期转股价格的130%（含130%）；情况B，当本次发行的可转债未转股余额不足3000万元时。情况B发生时正股价格可能低于转股价的130%。（比方说它被套利资金陆续转为正股，规模减少至3000万元以下。）

特别注意：提前赎回的价格仅为债券面值（100元）加应付利息，如果上市公司发起提前赎回，记得要在赎回日前将其卖出或转为正股，否则将面临损失。是否提前赎回，权利在上市公司手中。当可转债的价格超过130元以后，记得每周都要留意一下上市公司的公告。别小看这一点，每遇到转债提前赎回，总有几百上千万元的份额忘记转股的，一下就损失了30%以上（曾经连基金经理也忘记了）。

【特别注意】

注意此处文字表述为：“任何连续三十个交易日中至少十五个交易日的收盘价格不低于当期转股价格的130%（含130%）。”这意味着在整个转股期（除去最开始的半年，后面五年半都是转股期），只要满足条件，上市公司都可以发起提前赎回，所以不得不防[①]！不同的可转债品种，具体条款可能存在差异，建议密切关注《募集说明书》。

---

① 过去一些可转债也曾规定：一年只有一次提前赎回的权利，在某个计息年度第一次满足条件后不施行，就得延后至下一个计息年度（且满足提前赎回条件）。因为这种条款灵活性不够，不利于上市公司，所以现在基本没有这一条了。

第七，可以有回售条款[1]，债券持有人可按事先约定的条件和价格将所持债券回售给上市公司。例如三一转债（110032）的约定："自本次可转债第五个计息年度起，如果公司股票在任何连续三十个交易日的收盘价格低于当期转股价格的70%，可转债持有人有权将其持有的可转债全部或部分按面值的103%（含当期计息年度利息）回售给公司。"如果预期回售的条件可能达成，而可转债的价格又低于103元，那么我们就可以买入并等待回售给上市公司获利。这里注意区别，提前赎回的权利在上市公司手中，上市公司决定要不要提前赎回，而提前回售的决定权则在投资人的手里。同时我们还需要注意两点，首先是第五个计息年度开始投资者才有权回售，也就是说这只期限为六年的可转债只有最后两年才能回售。其次，当回售条件达成后，这种机会每个计息年度只有一次。上市公司会发公告问你要不要回售，错过了回售时间就得下一个计息年了（并且届时仍然满足回售条件）。可参考三一转债（110032）的约定："自本次可转债第五个计息年度起，可转债持有人在每年回售条件首次满足后可按上述约定条件行使回售权一次，若在首次满足回售条件而可转债持有人未在公司届时公告的回售申报期内申报并实施回售的，该计息年度不应再行使回售权，可转债持有人不能多次行使部分回售权。"具体某只可转债品种的回售条款，可能有差别，投资人最好翻开募集说明书（或上市公告书）详细看看。

第八，可以有转股价格向下修正条款。如果有这个条款，应当同时约定：

（一）转股价格修正方案须提交公司股东大会表决，且须经出席会议的股东所持表决权的三分之二以上同意。股东大会进行表决时，持有公司可转换债券的股东应当回避。

（二）修正后的转股价格不低于前项规定的股东大会召开日前二十

[1] 有些可转债这一条真没有哦！例如曾经的中行转债113001，工行转债113002等。

个交易日该公司股票交易均价和前一交易日的均价。

上市公司之所以愿意向下修正转股价，主要是出于两方面考虑：一是上市公司还没准备好还债，不想被投资人提前回售；二是上市公司希望投资人转股——上市公司都有做大做强的欲望，一般只要转股价高于当期的每股净资产，转股动作就会有利于老股东。前面我们说到的提前赎回（注意区别，不是回售），其实也是强制转股。

可转债套利

当正股的价格低于转股价较多时，可转债没有转换的意义（一转就亏）。此时可转债更多体现为“债性”，跌不下去——“下有保底”，所以此时可转债表现为溢价。

当正股的价格高于可转债转股价时，可转债更多呈现为“股性”——可转债的价格会随正股价格上下波动。

假设某只可转债的转股价是5元，那么每张100元面值的可转债能转换为20股正股[①]。如果此时正股价格为6元，那么可转债考虑转股的合理价格应为

$$正股价 \div 转股价 \times 100 = 6 \div 5 \times 100 = 120（元）$$

这个公式很好理解，也容易验算：因为该可转债能够转换为20股正股，这20股正股市场价格就是120元。但是，可转债的交易价格可能比120元高，我们称之为“溢价”（相对于正股）。当然相反的情况也存在，我们称之为“折价”。多数情况下可转债处于溢价状态，只有少数情况折价。

首先，为何可转债经常溢价，有时还大幅溢价？这是因为在转股价

① 按面值进行转换，转股时不计算转债的应付利息。

之上，可转债可看作是正股，且嵌入了一个看跌期权①。这个看跌期权本身也是有价值的，因为当正股价格下跌到转股价之下，可转债就有债性保护。可转债的溢价部分，相当于这个看跌期权的价格②。正股股价超过转股价越多，可转债距离债性的保护点越远，这个看跌期权的价值也就越小。

其次，为何折价的情况比较少见，特别是大幅折价几乎看不到？这是因为一旦出现折价情况，套利大军就开足了马力，它们的买入力量支撑了可转债的价格，缩小了折价空间。我们来看看如何进行可转债套利。

第一，你必须十分看好与之对应的上市公司股票，这是套利的前提。此时，折价的可转债显然比正股更具有吸引力，毕竟送了你一个免费的看跌期权，而且可转债的交易费率也低很多（没有印花税）。

第二，买入可转债后，在任何交易时段都可发起转股指令，且效果都一样，因为你都是当晚才收到正股，且下一个交易日早盘才能卖出。所以我们尽量在尾盘再选择转股。不同的券商、不同的委托软件，转股操作可能存在差异，你可咨询自己的券商。我的交易软件是在“股票——其他业务——转股回售——可转债转股”里进行操作。

第三，买入“折价”的、更便宜的可转债，转换为正股然后卖出，就可以套取其中的差价。可转债套利就是这么简单。

第四，即便是尾盘发起转股指令，也要第二个交易日才能卖出收到正股。如果第二天正股开盘直接低开，套利就失败了（隔夜风险）。因此，参与可转债套利，需要看好上市公司股票。为了避开隔夜风险，我们可切换到“底仓套利”模式：即持有正股股票作为底仓，当可转债

① 转股价之下则可看作是债券并嵌入了一个看涨期权。

② 但这个看跌期权的价格也并非所有时候都合理，市场是非理性的，价格经常偏离其价值。正因为如此，才会有套利空间。

折价的情况发生时，立即买入折价的可转债[①]，并卖出正股（速度一定要快）。至于可转债转股的操作可以慢一点，在完成前两个动作后再进行。

什么时候买可转债？

可转债“在熊市中诞生，在牛市被消灭”，为何这样说？

股市走熊后，上市公司股权再融资难以成行。首先熊市中股民对“圈钱”很反感，认为它会引发股价下跌，因此再融资不容易获得监管层批准；其次熊市跌跌不休，股价经常跌破再融资的发行价，导致再融资失败。在这个背景下，可转债融资方式便倍受上市公司青睐——如果股价上涨，转债转股，相当于完成了股权再融资；如果股价下跌也没关系，权当是廉价贷款（大部分可转债的利率都非常低）。而对于保守型投资人来说，可转债也因其“下有保底”的特点而倍受喜爱。所以在熊市中，可转债颇受欢迎。

一旦股市进入牛市模式，随着正股股价的上涨（超过转股价 130% 以上），可转债的价格将陆续突破 130 元。上市公司纷纷对可转债发起提前赎回，强制投资人进行债转股。所以一到牛市你就会发现，可转债品种越来越少，慢慢都被“消灭”了。

什么时候的可转债有最独特的价值呢？就是正股价格低于转股价不多，且可转债价格在 100 元左右的时候——这时的可转债显示出“攻守兼备”的特性。如果正股价格继续下跌，那么可转债的债性也会越来越强，股性渐渐消失。因为通常可转债的利率都比较低，与高息债券相比不占优势，所以当正股价格大幅低于转股价时，可转债的价格也可能跌

① 折价幅度太小就不值得操作，须将交易手续费考虑进去。

至冰点。反过来，如果正股价格上涨，并高于转股价的130%时，可转债更多地显示为股性，我们认为它“下有保底”的作用并不明显。

【注意】

“下有保底”指的是可转债的债性，而并非说可转债的价格不能低于100元面值。2014年初，南山转债110020的价格曾低于90元，YTM突破7%。

傻瓜轮动法，矛盾结合下的高收益

纵观我国的可转债历史，90%以上的可转债都会被提前赎回，这意味着90%的可转债都有机会达到130元以上。这是因为一般可转债的期限都有6年，而6年中发生一次大牛市的概率着实不低。但是也有例外，比如曾经的新钢转债（110003）、博汇转债（110007），最终就是到期兑付本息，并没有提前赎回。

前面我们说可转债套利的基础，首先是要看好这家上市公司的股票。但如果我们不擅长研究股票，也不懂基本面分析，投资可转债能不能更“傻瓜”一点呢？这里给大家介绍一个傻瓜式轮动方法。

第一，可转债并不是什么时候都适合投资，熊市中才适合。在不适合的时间，千万不要心里痒痒。可以转移注意力，关注别的投资品种（本书还介绍了那么多投资品种呢）。

第二，股市到底多熊才算熊？这个也不需要很强的判断能力——当市场上可转债品种很多（选择面广，至少二三十只以上），且价格大多都在100元上下时，毫无疑问就是出手的时候了。

第三，挑选几个低价的可转债，价格尽量在100元以下，分散持有即可。计算一下可转债相对于正股的溢价率，价格差不多的情况下，选溢价率低的。

第四，每半个月或一个月检视一次，看看有没有价格更低，或者溢价率更低的可转债，综合评估并轮换配置。综合评估时记住两点，一是可转债价格越低越安全（不怕熊），二是溢价率越低，牛市来临后就越容易上涨（牛可期）。

第五，大牛市一来鸡犬升天，大家一起涨，无非涨多涨少而已。牛市早期，在手上的可转债还没达到 130 元之前，我们就可以继续轮换到价格更低（同时考虑溢价率）的可转债上。直到牛市中后期，各个可转债已经被消灭个精光，这时就到了我们收手的时候了。对于高价的可转债，我们要注意风险。如果可转债普遍 120 元以上，不要因为某只可转债“相对”更便宜就出手，注意适时离场。

第六，在上面轮动方法的基础上，适当考虑可转债作为债券的到期收益率。收益率不需要按复利的方法去计算，太复杂①。我们简单介绍一下就行：把后面几年能收到的利息和本金加起来，除以交易价格就得到收益率，再年化一下即可得到结果（除以持有时间）。

通过这种简单的可转债轮动方法，既不会错过牛市的蛋糕，又不用惧怕熊市的阴冷，不用每天盯盘（连技术面也不用管），最关键还不用费脑去研究上市公司基本面。但是千万不要得意忘形，记得可转债价格超过 130 元以后，定期留意上市公司的提前赎回公告！

---

① 收益率偏低，或时间较短时，单利与复利的结果偏差不大。

第十五章

分级 A：特别的永续债

A 类债主收租，B 类勇闯天涯

我们经常听人说分级 A、分级 B，在股票代码里也能找到诸如“军工 A”“银行 B”的交易品种，它们到底是个什么东西？其实，它们分别是分级基金的 A 类子份额、B 类子份额。

目前国内的分级基金，主要采用融资型分级的模式。简单说，就是 A 类子份额借钱给 B 类子份额[①]投资对应的股票、可转债、债券等。其中 A 类收取固定的“利息”。不管最终赚了还是赔了，在支付给 A 类利息后，剩余的权利和义务都算 B 类的。

A 类和 B 类，都是母基金的一部分。一般分级基金在招募时，会规定 A 类和 B 类的份额比例。例如，A∶B =5∶5，是最常见的一种。此外还有 A∶B =7∶3 或4∶6 等。对应比例的 A 和 B，可以组合配对成为母基金。母基金就好比，本来 A 借钱给 B，但两者合在一起组建家庭，左口袋右口袋都是自己的口袋，也就无所谓借了。如图 15 –1 所示。

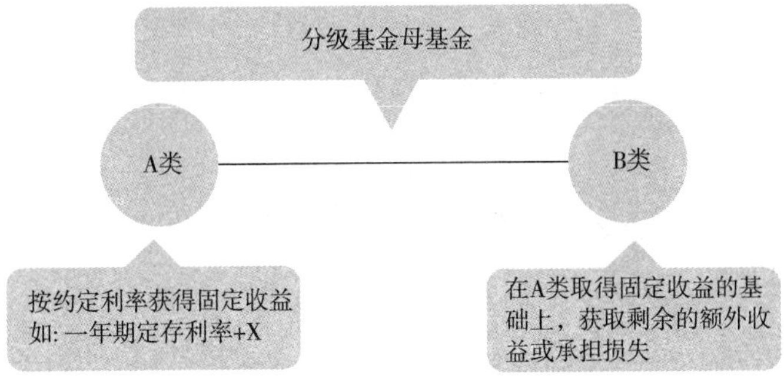

图 15 –1　分级基金构成

对于一只分级基金来说，同时存在着母基金份额、A 类份额、B 类

① 以下简称为 A 类，B 类。

份额。一般情况下，母基金份额可以拆分成 A 类份额和 B 类份额，同样 A 类份额和 B 类份额也可以合并成为母基金份额①。

分级 A≈永续债?

目前我国没有永续债，永续型分级 A 是最接近永续债的一类金融产品。前面我们提过，债券的期限越长，对利率越敏感（价格波动幅度越大）。许多人管分级 A 叫“低风险投资”，但其实它的利率风险是很高的，它甚至可以在半个月内就下跌 10% 以上。

在了解分级 A 前，我们先来看永续债。永续债对利率变动非常敏感，这是由其派息不还本的特性决定的。例如，对于一只固定利率水平的永续债来说，假设其不存在任何兑付风险（安全性等同国债），那么它的价格主要受利率波动影响。某永续债 Q 的初始利率为 5%，如果这个利率保持不动，当市场上同类产品的利率水平飙升至 10%，则永续债 Q 的价格要下降约 50%。

正是因为永续型分级 A 有永续债的特性，因此每年的 6 月、12 月、春节前，市场上资金比较紧张的时候，此时分级 A 价格有可能会大幅下跌。既然类似永续债，那么它的期限就是“永远”。**所以在期限配对上，它更适合长期资金。如果将短期资金投于永续债，其实是在赌利率的短期波动。**

永续型分级 A 作为“类永续债”，还有一个特别之处，就是它几乎没有信用风险。它不像债券的发债主体那样，可能一夜之间就跑路不见了。对于分级 A 来说，只要母基金没有遭受清盘，能持续运营下去，那么 A 就能够持续从母基中分配到“利息包”，并且在定折日收到“利

① 也有一些早期的分级基金例外，未来也不排除出现不能拆分合并的分级基金。

息”（以母基形式）。

大多数[①]分级 A 有下折保护条款[②]。当 B 类净值[③]持续下跌，“还款能力”减弱时，通过下折重新分配各类份额，因而 A 类的“收租能力”得以保障。

A 类的定期折算

一般的永续型分级基金都采用浮息永续债的形式，来设置利率规则[④]。利率标准主要参考银行的定期存款基准利率，在此基础上进行上浮。例如，一年期定期存款利率 +3%，或 +3.2%， +3.5%， +4% 等。我们拿新能 A（150279）来说，它就是按照一年期定期存款利率 + 3%，根据 2015 年 10 月 24 日存款基准利率，最新一期利率规则为 1.5% +3%。每一天，150279 的净值都会增加一点点，全年刚好凑够 4.5%。在此基础上，基金约定 9 月第一个工作日为定折日。在这一天，A 类这积攒了一年的“利息包”，会以母基份额的形式发放给 A 类持有者。这个发放利息的过程就叫定期折算，简称“定折”。

如果央行调整存贷款基准利率，那么对于浮息利率规则的分级 A 来说，也会相应调整利率水平。但是 A 类的利率并非立即跟随央行调息政策变动，而是在下一个定折日统一调整。

我们来看看大多数情况下的定折过程：

---

① 截至 2015 年底，H 股 A（150175）、深成指 A（150022）无下折保护条款。

② A 类在下折过程中可能受益，也可能受损。后文中还会提到。

③ 注意区分净值和交易价格：交易价格是盘中买卖的价格，而净值是基金每天晚上发布的，归属于某基金的价值。由于这个净值不是所有投资人都认可，因而可能会产生折价（交易价格低于净值）和溢价（交易价格高于净值）。

④ 目前已有证券 A 级（150223）、中小 300A（150057）等 A 类品种为固定利率，未来也可能产生其他种类的利率规则。

（1）定期份额折算基准日——T 日，A 类、B 类均正常交易，但母基的申购、赎回、转托管、配对转换（分拆或合并）等业务暂停。

（2）T 日晚，进行 A 类的定折。假设此时 A 类的净值为 1.06 元，那么超过 1 元的部分，相当于“利息包”以母基的形式发放。例如，每 1000 份 A 类份额，可分得母基金 $1000\times(1.06-1)=60$（元）。这个数值再除以当晚母基金的净值，即可分得的母基数量。例如，假设当晚母基金的净值为 1.2 元，那么分得母基金 $60\div1.2=50$ 份。

（3）T+1 日，A 类停牌一个交易日，B 类正常交易。同时母基的申购、赎回、转托管、配对转换等业务继续暂停。这一天，A 类持有者分配到的母基，净值也会跟随变化。

（4）T+2 日，A 类早盘停牌一个小时①，之后以 1 元为开盘价开盘。而分得的母基可以进行赎回操作，将“利息”变现。赎回母基需要收取一定的赎回费，一般为 0.5%，也有 0.1%、0.3%、0.7% 等其他收费标准，具体可查询基金公司的官网。此外，也可以将母基分拆为 A+B 再分别卖出，但分拆需要多耗费一个交易日。

因为定折后的 A 类以 1 元为新的开盘价，故对于定折前折价率高于 10% 的 A 类，要恢复之前的折价率必须下跌 10% 以上，因此产生了跌停的现象。这种现象很正常，也常被称为“假跌停”。

【注意】

有一些分级基金（如互联 A 级，150297）在定折日上有规定，“基金合同生效不足 6 个月的除外”。也即，这些新基金成立未满半年即遇到定折日的，不发生定折，顺延至下一年的定折日。

① 也有一些分级基金此时并不停牌。

永续 A 类的长期静态收益率

对于有固定期限的 A 类来说，很容易算出其到期收益率。那么对于永续型 A 类，如何计算其未来长期静态收益率呢？[①] 较常用的方法

永续 A 类长期静态收益率 = 约定利率/(A 类交易价格 - 利息包)

其中，利息包 = A 类净值 - 1

（1）这种方法将“利息包”剔除，再来计算长期静态收益率，它与实际结果略有偏差。因为买入 A 类后，买家在定折前也为“利息包”支付了资金，但利息包自身不再继续产生“利息”。

（2）这种方法遇到调息的情况，不能跨时点处理，只能计算调息时点后的长期静态收益率。

为何我们不去精确计算？因为对于高等级永续债来说，影响其价格波动的最主要长期因素是市场利率，所以我们对利息包的复利予以忽略。

【案例】

我们以 2015 年 10 月 30 日收盘价为例，来看看券商 A（150200）的未来长期静态收益率。这一天，券商 A 收于 0.941 元，其净值为 1.011 元。

截至 10 月 30 日，券商 A 仍然实行上一期的利率规则（3% + 3%）。但经过了央行的六次调息后，券商 A 将在下次定折（2015 年 12 月 15 日）后，实行新的利率规则（1.5% +3%）。

因此我们应当取 4.5% 的利率去计算

① 一些网友也称之为“隐含收益率”。

券商A的隐含收益率 $=4.5\% \div [0.941-(1.011-1)]=4.839\%$

需要特别注意：这里计算出来的4.839%的结果，与精确值还有距离。一是没有考虑在下次定折前的利率是6%（更高），这期间可以收获更多的“利息包”；二是已产生并加附在净值中的“利息包”，在未来持有期间不会继续产生利息。

通过计算分级A的长期静态收益率，衍生出一种轮动策略，即“分级A的利率轮动”。这种策略在距离下折（下折情况见后文）较远的情况下适用。

具体方法为：交易时间市场持续波动，分级A的价格也随各类资金上下波动（特别是遭遇套利大军的冲击后）。对于同一利率规则的分级A来说，在还款能力方面其实是没区别的，但相互之间的价格却此起彼伏，使其长期静态收益率也时高时低。因此我们可以在同一利率规则的分级A中选取长期静态收益率最高的两三只，买入持有并每天查验。在持有的过程中，随着市场波动而不停轮换到长期静态收益率更高的分级A上去。

需要注意，此类轮动方法只适用于相同利率规则下的分级A，而且它们都远离下折。因为下折的原因，折价的分级A相当于嵌入了一个看跌期权。不同利率规则的分级A折价程度不同（较高利率的甚至溢价），它们身上附带的看跌期权价值也不一样，因此相互之间无法进行轮动。

【下折】

说了这么多下折，到底什么是下折？现在要开始分级A中最复杂的部分了。还是那句话，不懂的不投。在彻底搞明白下折之前，不要介入分级A。

分级基金下折

大多数分级基金的 B 类份额的收盘净值跌破 0.25 元，即触发分级基金的下折。当然也有例外，如转债 B 级（150144）、可转债 B（150165）的下折线是收盘净值跌破 0.45 元。又如某些分级基金不设下折保护条款①。

当下折条件触发后，老的 A 类、B 类子份额重新分配，其净值和数量都会变化。新的 A 类、B 类子份额的净值都是 1 元，而数额则根据原老 A 类、老 B 类的净值确定。

例如，某分级 A、B 的份额比例为 5∶5，B 类收盘净值低于 0.25 即触发下折。

第一天（交易日，以下均同）：收盘后，该分级 B 的收盘净值为 0.24 元，低于 0.25 元，已经触发下折条件，开始准备下折。这一天被称为“下折触发日”。

第二天（下折基准日）：该分级 A、分级 B 均停牌一小时，从 10 点半才开始交易（也有些品种是不停牌的，请注意!），直至收盘。当天母基不再接受申赎、配对转换②业务。只要第一天触发下折，那么不管第二天收盘后分级 B 的净值是多少，哪怕重新回升至 0.25 元之上，也是要下折的。

既然是基准日，顾名思义当然是用这一天收盘后的 A、B 的净值作为下折转换的依据。许多人觉得下折转换太复杂，怎么也看不明白。这里先总结一下原则：母基和 A、B 子基的净值统统归 1（元），A∶B 比

① 当 H 股 B（150176）的净值跌破 0.2 元，深成指 B（150023）的净值跌破 0.1 元，其对应的 A 类净值便脱离“收租模式”，变成与母基同涨同跌。

② 子基合并为母基，或母基拆分为子基。

例不变，多出来的变成母基[①]。我们抛开那些复杂的转换公式，直接看看在分级 A 身上发生了什么改变。

假设第二天收盘后 A 的净值为 1.03 元，B 的净值为 0.24 元。我们按住 B 的 0.24 元不动，从 A 里面切出 0.24 元

$$1.03-0.24=0.79\text{ 元}$$

0.79 元净值的 A 类直接变为母基。之前切出来的 0.24 元 A 类和 0.24 元 B 类，组成新的 A 和 B，比例还是 5∶5 不变。[②]

简言之，对于 A 类来说，下折转换就是把基准日 A 类净值比 B 类净值多的部分，转换为母基。

第三天：该分级 A、分级 B 停牌不交易，母基也暂停申赎和配对转换业务。我们可以看作是在早盘开盘前，下折的各类份额就已经重新分派完毕，原持有分级 A 的投资人手上已经有大把母基，开始承担市场的波动。（第二天时，市场的涨跌还是记在老 B 类的头上。）

第四天：10 点半开始（停牌一个小时），新的分级 A 类份额、新 B 类份额开始交易。A、B 类份额分别以其前一日（第三日）的收盘净值作为开盘前的基准价格。母基的申赎和配对转换也正常进行。

对于老分级 A 的持有人来说，因为最快也要在第四日才能赎回分到的母基（赎回按当日收盘后的净值计算），所以老分级 A 参与下折的过程，必须承担第三日和第四日这两天的市场波动。当然投资人也可以选择将收到的母基拆分为 A、B 子基，再分别卖出——只是这样花费的时间更长。

---

① 这个规律对 B 类 0.45 元下折线，其他 A∶B 比例的分级基金也适用，而且对上折也适用（部分分级 A 不参与上折）。

② 实际下折过程如下：每一百份净值 1.03 元的老 A 类，变成 24 份净值为 1 元的新 A 类和 79 份净值为 1 元的母基。每一百份净值 0.24 元的老 B 类，变成 24 份净值为 1 元的新 B 类。

分级 A 的下折轮动

2015 年年中，股市大幅下挫，分级基金母基的净值也应声下坠。但是，我们却经常见到一些分级 A（折价的分级 A）价格不断上涨，这是为何？为何有人会说，分级 A（折价的）相当于嵌入了一张看跌期权？

在不考虑下折因素的情况下，分级 A 类似永续债——票面利率越低的永续债，价格也低。因为没人愿意花高价买利率更低的永续债。一样的道理，在距离下折线较远的情况下（下折因素忽略不计），利率规则越低则分级 A 的价格也越低。因此当市场利率高于某个分级 A 的利率（规则）时，此分级 A 就必须打折销售别人才愿意买，因此就产生了折价的分级 A。

当市场遭遇下跌，距离下折线越来越近时，折价分级 A“看跌期权”的价值就体现出来了。一旦下折，原本折价的 A 类（如交易价格 0.8 元），约有 75%[①]以上的比例会变成净值为 1 元的母基。**这个折价消失的下折兑换过程，会给老 A 类持有人带来收益。**因为这个收益的吸引力，所以在一步一步靠近下折线的过程中，分级 A 的价格也会一步一步朝着 1 元靠近。

分级 A 有点类似可转债的“进可攻、退可守”。当距离下折很远时，折价分级 A 相当于永续债，有债性的保护——虽然利率风险也挺大的。当其向下折逼近时，下折转换又显示出进攻的一面。

补充说明一句，溢价的分级 A（如交易价格 1.15 元）在下折过程

---

① 对于带下折条款的分级 A 来说，净值总是大于 1 元的（每天还在垒“利息包”呢）。对于下折线 0.25 元的分级 B，下折触发时其净值接近 0.25 元左右。约 1 元减去约 0.25 元，约等于 0.75，所以转换比例大约是 75%。

中是要受损的，因为转换后的母基净值只有1元（显然拿1.15元去换1元，亏大发了）。

因此我们衍生出一个**分级A的下折轮动策略**：即在市场下跌的过程中，不断将仓位挪到折价率更大（防守端）或者距离下折线更近（进攻端）的分级A上去。

要不要参与下折？

即便是折价的分级A，参与下折也可能会亏损。主要是因为老A类持有人拿到母基后，还要承担两个交易日的市场波动。如0.98元的分级A，即便在下折中部分转换为净值1元的母基，也不见得能拿到很多收益。这两个交易日中，母基净值随便跌2%，老A类持有人就可能亏损了。

那么，要不要参与下折呢？我们先来学习计算“下折转换收益”（理论上）。假设某分级A∶B的比例为5∶5，B类下折线为0.25元，A类当前净值为1.03元。此时A的交易价格为0.9元，而其他远离下折线，同利率规则下的A类交易价格约为0.85元①。因为不清楚未来下折基准日B类的净值，所以此处按0.25元（下折线）的B类净值估算。我们得到

$$1.03-0.25=0.78\text{（元）}$$

即其中约0.78元的老A类将转换为净值1元的母基，约0.25元的老A类转为新A类，新A类的合理价格为0.85元——因为刚下折完，所以距离下一次下折较远。

每1份交易价格为0.9元的老分级A，在下折转换后拿到0.78份

① 计算时剔除“利息包”的因素，或用长期静态收益率来倒推。

净值为1元的母基和0.25份合理交易价格为0.85元的新A类。如果考虑母基0.5%的赎回费率，我们得到老分级A在下折转换后

$$0.78\times(1-0.5\%)+0.25\times0.85=0.9886\ (元)$$

相对于转换前0.9元的交易价格，理论下折转换收益率为

$$0.9886\div0.9\times100\%-1=9.84\%$$

这个过程其实就是这样简单。如果在第三日和第四日这两天，母基净值下跌幅度小于9.84%，老A类参与下折就能够获得正收益。如果母基净值上涨，那么获利将更多!

【远离分级B】

也许你会奇怪，为何本书写了这么多分级A的知识，但分级B却涉及很少？这正是我想说的——远离分级B，特别是股权类分级B！牛市中分级B疯狂地涨，要抵住诱惑不容易。

首先，分级B除了要承担融资利率（付给A类的“租金”），还要承担数倍的基金管理费、托管费等费率（初始状态下为双倍），这些费用虽不用你从口袋里掏出来，但它体现在净值的分配中。综合算下来，分级B的融资成本高于8%。用死脑筋来算，当母基所包含的股票平均达到12.5倍PE以上，就负担不起这个融资成本。

其次，市场是波动起伏的，在涨涨跌跌之中总会触及下折线。折价的分级A对应的就是溢价的分级B，溢价分级B每次遇到下折，就相当于爆仓一次，瞬间就亏损25%至50%。

最后，我们都知道分级B就是上杠杆，而杠杆有放大盈亏的作用。虽然A∶B的比例始终不变，但在分级B净值涨跌的过程中，B类的杠杆率却是变化的。随着B类净值的升高，杠杆倍率反而降低。所以分级B在上涨时杠杆越来越低（赚得少），在下跌时杠杆越来越高（亏得多）。

第十六章

股票：最复杂也最简单的投资品

股票的双重本质

股票具有双重性，一方面它相当于企业的细胞，每一股股票都是上市公司的一小块组成部分。另一方面它又像是赌场的筹码，每天开大开小，涨跌互现，大家伙儿买定离手。

据说股票最早由 17 世纪初的荷兰人发明（荷兰东印度公司），它伴随公司制度而来。有一笔大生意但是钱不够，怎么办？于是大家伙儿你凑一点，我凑一点，组建一个商业主体去做这笔大生意，这个商业主体就叫“公司”。虽然大家都出了钱，但是万一赔钱了怎么办？谁也不想把家里的锅碗瓢盆都押进去。于是大家又规定以出资额为限，实行“有限责任”，亏完就拉倒。

规则定好了，大家一块来凑钱。张三你出一千个铜板，李四我出五个铜板……公司于是把每个人的出资额登记在册，并给每个人发放一张凭证，标明这个公司有一小份是你的（就像地契一样）。这个凭证，就是我们说的“股票”。当然，张三出了一千个铜板，肯定不愿意和只出五个铜板的李四平起平坐。于是大家又把公司划分成若干份，每一份就是一股——张三出了一千个铜板，你拿一千股，李四出了五个铜板，就拿五股好了。凡是出了钱的，不论多少，都叫“股东”。

平时大家伙儿各有各的事，于是请了一个管理人（CEO）来运营公司。当然有些出资多的大股东，不放心别人来管理，自己来当这个 CEO。如果遇到大事，股东们就坐在一起商讨并表决。股东大会上，出资多的张三说话都要响亮些，因为最后按出资比例（所占股份比例）投票，出资的多少也代表了利益的多少。公司如果亏钱，张三的损失自然比李四大；而公司如果有钱赚，除了保留一部分利润继续发展，还可以分红，这时张三能分到的钱自然也会比李四多。

突然某一天，李四家里急用钱，就把公司的凭证（股票）卖给了王二麻子。慢慢地，人们开始在咖啡馆、拍卖所、梧桐树下进行股票交易。此时，一些经纪人帮大家撮合交易，并收取报酬。而发行股票的公司也发现，可以自由流通的股票更受群众欢迎（下一次筹资就更方便了）。证券交易所就这样逐渐形成了，大家都在交易所里买卖股票。电话发明以后，人们开始使用电话进行交易；而互联网问世后，股票交易更便捷——只需要轻敲键盘。

股票交易越来越便捷，但人们对股票的了解却没有跟上科技的步伐。那么多家上市公司，有好的有坏的，未来也可能变好或变坏。股票就像上市公司的一个细胞，但股票交易者们却不清楚这个细胞究竟该值多少钱。你不清楚没关系，好在大家伙也都不清楚，哪怕你拿的股票本身一文不值，只要有人愿意以更高的价格从你手中买去，你照样可以获利。股市波动嘛，反正不是涨就是跌，抓住股票就好比抓住赌场中的筹码一样。

慢慢地人们发现，股市的波动也有一定的规律。比如股票不涨则已，一涨就会涨好几天，这个叫“趋势”（出自道氏理论）。因为交易者是人，是人就会有心理学上的共性：乐观情绪会传染，一传十十传百，大家都来买股票。买的人多了股价自然上涨，上涨的股价又反过来影响交易者的情绪，使他们变得更乐观，从而推动股价进一步上涨。出现这种情况就叫“牛市”[①]。用过去的涨跌情况来判断股价未来的走势，这种方法就叫“技术面分析”。

股票作为一种金融资产，既有投资性，也有投机性。它的这种双重性，派生出两个主要流派。一是将股票视为上市公司的一部分，重点研究上市公司估值的基本面分析派；另一个则是将股票视为筹码，重点研究股价未来涨跌的技术面分析派。

---

① 熊市也类似。

【股神】

好比赌场里有“赌神”，股市里也有“股神”。不要以为“赌神”真的可以听出骰子的点数，他们更多只是坑蒙拐骗的“老千”。股市中的“股神”，大抵与此类似。

股市的冷热两极

许多人都听说过“当别人恐惧时贪婪，当别人贪婪时恐惧”这句投资名言吧？其实我们几千年前的老祖宗早有训导：“贾人夏则资皮，冬则资絺，旱则资舟，水则资车，以待乏也①。”

跟大家分享一个早年流传的趣事。当时网络交易还没有这么流行，大家还是往券商的营业大厅跑。有一个卖证券报纸的老奶奶，在股市里赚了不少钱。她对股票懂得少，也没有别的诀窍，就是经常到交易大厅门口数自行车数量。当自行车多得停不下，报纸也很快就能卖完的时候，她就把手中的股票全部卖出；而当自行车少得可怜，报纸也无人问津的时候，她就考虑买进股票。

当周围的朋友、同事都开始讨论股票时，股市已经变得火热。此时如果亲戚朋友中有对股票了解多的（或是做证券行业的），那么他肯定是众人追捧的对象，总有人毕恭毕敬地向他打听股票信息。而反过来，当股票无人问津的时候，投资股票被认为是不务正业的典型代表。一款著名的相亲交友节目，某位男士的第一条片子还没放完，当说到自己从事证券行业，顿时现场 24 盏灯全灭。很明显，前一种情况应该远离股市，后一种情况反而应该积极买股票。“没人买股票的时候买股票”

① 出自《国语·越语上》，商人夏天就该去准备冬天要用皮袄，冬天则置备细葛布；干旱的时候要准备水路上的船舟，发水涝时要准备旱路上的车辆。等待这些东西缺乏时（稀缺则贵），再将它们高价卖出。

“人多的地方不要去”，为什么这些看似简单的策略，却很少有人能做到？

钟摆总是在最左端和最右端之间摆动，股市与之类似，总是在极冷和极热之间摆动。只不过股市摆动的时长（周期性）不规律，摆动的幅度也难以捉摸。

当股市摆到极冷的一端时，总有各种悲观的言论袭面而来，仿佛世界明天就要崩塌。当前的情况被用来与历次股灾、经济危机做比较，让你相信最坏的时候还没到来，低估值是有道理的，经济还会变得更差，股市还会继续跌，往下仍然深不见底等。股市不断下跌，你手上的100万元变成了80万元，又变成了60万元……它还会不会变成40万元，20万元？这时，你还能坚持自己的信念吗？

当股市摆到极热的一端时，总有各种乐观的言论把股市捧上云霄，尽管股价早已飞上天。“买股票就是买预期”，更美好的未来在前面等着我们，经济不断发展，国家也会变得越来越富强！50元的股价你都觉得贵，但它可能继续上涨到250元，不断有新的估值方法冒出来，解释它为何值这么多，甚至应当值更多。你担心泡沫，把股票都卖了，但你朋友手上的100万元已经变成了200万元，甚至可能还会变成300万元、400万元，这时，你还能坚持自己的信念吗？

股市的温度变化难以预测，零下10度你觉得很冷了，但它还可能到零下20度、零下40度。股市在不断下跌的过程中，让一批又一批的人相信它还会继续下跌，本该入场的时候却门可罗雀。同样，70度你觉得烫手了，但它还可以80度、90度。就像温水煮青蛙一样，当股市火热到发烫时却没人舍得离场。

预测股价靠谱吗？

我在《投资第一课》一书中，曾经对“技术面分析是否可靠”这个问题展开过讨论。通过技术面分析来预测股价，其准确度跟预测硬币正反面差不多——一半猜对，一半猜错。技术面分析存在的“三大假设条件”①，本身就无法被完全满足，充满了变数。而且技术分析图形既能自我实现，也能自我失效②。最后也是最关键的，在市场处在极冷端（熊底）和极热端（牛顶）时，技术分析几乎完全失效。

有时一个技术指标提示你该买，而另一个指标却提示该卖，你该怎么办？其实不管采用何种方法预测股价，最危险的不是错多对少，最危险的是十把里头把把都对！因为你每次对了以后，你都会后悔。后悔我上一把为什么不多押一点注码？每一次预测正确，你的这种自豪、自信都会更加膨胀，然后注码也随之越押越大，直到你所有东西全都押在上面。注码押得越多，摔下来越疼！好运气总有用光的那一天，没有人能一直赢。如果你能一直押对，不久以后全世界就都是你的了。

大多数人进入股市，都是因为牛市里“赚钱效应”吸引。他们被跳动的股价吸引，心情也随之起伏，既输了时间，又输了金钱。只有少部分人能沉下心来，把股票看作上市公司的一部分，用投资理财的眼光去看待。其实大自然界又何尝不是如此？运动的物体总是招人注目（风吹草动），但你很难发现一动也不动的竹节虫。

---

① 技术分析三大假设：市场价格包容并反映一切，历史会重演，价格呈趋势性变动。

② 当一个技术分析被市场中较多的交易者认可时，那么交易者也会按照该种技术分析的指示去操作，因此推动股票按照技术分析预示的方向运行。反过来说，由于涨跌终有尽头，谁也不愿意做最后一个傻瓜。交易者总希望能跑在其他人的前面，进而提前撤退。与此同时，另有一批更保守的交易者，又希望在这一批交易者之前撤退……一层一层推进，最后使得整个技术分析体系失灵。摘自《投资第一课》。

【感知市场温度】

预测股市明天的涨跌很难，但感知市场的温度却容易很多。在股市冰点，你应该逆流而上——虽然股市还可能继续下跌，但这已经不重要。把时间拉长来看，股市总会有低点和高点，你已经买在股市无人问津的低点，这就够了。

股票投资，心态决定了99%

股票市场有一句俗语，叫“一赢二平七亏”。比较之下，买房却是一项大多数人都能做好的投资。这是为什么？

我们买完房以后，一块大石头算是落地了。我们不会每天打听附近的房子卖多少钱，刚买的房子是亏了还是赚了。买房是一项中长期的投资，一般跨时都在5年以上。但是许多人买入股票后，却并没有将其视为中长期投资，每天都心里痒痒，时不时打开炒股软件瞅瞅。如果股票涨了，忍不住就想“操作”一下；如果股票跌了，就坚信只要不卖，就不算“真亏”——总有一天会涨回来的。在这种浮躁的心态之下，只能说是“炒”股票，不能算“投资”股票。

短期的股价本就是无序波动的，它是由数千万个交易者随机组成。投资人距离股价越近，情绪越容易受干扰，投资决断也将受影响。股价波动会给投资人带来账面上的浮盈浮亏，人们很容易把这些浮盈浮亏与自身的财富、消费联系起来。比如说今天你的股票上涨了，赚了3000元钱，够买一个iPad了。遇到大跌，市值跌去了20万元，好像一辆车就这样没有了，心情能不糟糕？

即便是专业的股票投资管理人，如基金经理，也无法摆脱股价涨跌对情绪的干扰，金融体系内的压力比普通人更大——你追我赶的短期业绩排名，基金赎回压力等。别看金融人士领着高薪，业绩做不好也面临下课的风险。正因为高薪，所以不敢失去，压力更大。

股票投资，首先必须把浮躁的心态摆正，避免情绪受股价波动影响，进而患得患失。正是因为大多数交易者没有把股票当作上市公司的一个细胞，他们不清楚股票究竟该值多少钱，所以情绪被股价涨跌推动，时而乐观、时而悲观，才使股票的价格总是偏离其价值，在极冷与极热之间反复。

在别人心情极度糟糕的时候，我们应当高兴，因为市场上满是便宜货，这正是应当大把采购股票的时候。股市像钟摆，它总会从这个极冷点摆到下一个极热点，它总会回去。虽然我们很难抓住股市的最低点，但那又有什么关系呢？究竟是零下 20 度，还是零下 40 度，反正都比烫手的 70 度要低，不是吗？处理好投资心态，朝着人流相反的方向行进，当其他人对股市趋之若鹜的时候，才是我们考虑离场的时候。

【海浪】

股价的波动就像海浪。扬帆出海时，你的心情跟着海浪起伏不定，万一来个风暴把船搞翻了，能不害怕吗？反过来讲，如果你是一个宇航员，在太空中看海，再大的波浪都只是小浪花，你还会害怕海上的风浪吗？不是所有人都能达到宇航员的高度，但我们可以离海（股价波动）远一点，站在岸边看风浪，心里就会平静很多。

股市温度计

调整好投资心态以后，我们只需要知道一些简单的知识和方法，就能够在股票投资中赚到钱。我这里不是介绍怎么看 K 线图，很多渠道都可了解这些简单的交易类常识。股票投资，我们只要学会测量股市温度就行。我们先来了解几个基本知识。

首先是市盈率，也叫 PE。一只股票的股价除以其每股收益①，就是市盈率②，这跟房地产投资的“售租比”有点类似，只不过市盈率以年为单位，售租比则以月为单位。假设一只股票的市盈率为 8 倍，意味着按照这个速度，8 年的利润积累等同于初始的本钱（静态，且不考虑资金的时间价值）。

其次是市净率，也叫 PB。一只股票的股价除以其每股净资产，就是市净率。每股净资产和每股收益的概念类似，就是分到单个细胞（一股）上的净资产。

PE 越低，或者 PB 越低，表明投资人为之付出的代价越低。那么我们只要选择低 PE 或低 PB 的股票就可以了，对吗？有人说，像这样光看市盈率炒股，小学生都会！

低 PE 或低 PB 只能说明“价廉”，但廉价的东西不一定“物美”。我们常说“买股票就是买未来”，买的当然是上市公司的未来。注意到 PE 的分母是每股收益，它的未来是变化的。今年净利润 10 个亿的上市公司，明年只有 1 个亿净利润，那么 4 倍 PE 也会变成 40 倍 PE。上市公司如果亏损，那么情况可能更糟糕，还可能侵蚀每股净资产，从而影响到 PB 这个指标。

除此之外，低 PE 或低 PB 也不一定就“价廉”。我在《投资第一课》一书中列举了 PE、PB 被扭曲的各种情况，打算在股票投资研究上更进一步的读者可以参考。当 PE、PB 被扭曲时，股价只是看上去便宜，是陷阱而非馅饼。

PE 和 PB 这两根温度计时常失灵，如何才能避开陷阱，捞到馅饼？

---

① 上市公司的净利润除以发行在外的总股份数量，就是每股收益。每股收益相当于单个细胞（每一股）的净利润。

② 分母取值为上一年度的每股收益，称为静态市盈率（LYR）；分母取值为最近 4 个季度的每股收益，称为滚动市盈率（TTM）；分母取值为估算未来时刻的每股收益，则称为动态市盈率。

易学难精，难在选股

在旧作《投资第一课》一书中，最后一章例举了股票投资前的三十四项准备工作。我曾将这一章的内容发在网络上，结果后面的评论五花八门：有人觉得非常好，买股前可以一条条对照着来；有人觉得心累，买股票居然要做这么多工作；还有人不服气，真需要准备这么多，就你懂？就你牛！

股票交易很容易，会看 K 线和分时图，会用交易软件下单就行。股票投资却很难，它涉及经济学、财务会计、企业管理、市场营销，甚至金融心理学等各门类知识。即使你熟读上百本投资类经典书籍，翻阅数百份上市公司财务报表，也未必能做好。知识储备只是一方面，商业眼光和决断能力也不可缺少。除此之外，股票投资还需要一些人格品性，例如风险偏好，心态情绪控制等。

股票投资就是易学难精，前 20% 的努力决定了 80% 的收益，路越往后走，提高越难。所以我建议普通年轻人不要在股票投资上花费过多的时间和精力，这么做投入与产出不成正比。普通年轻人的特点就是事业处于起步阶段，收入与开支很难拉出空间，因此结余较少。我们吃喝以后，结余下来的钱才可能拿去做投资。如果本金少，收益率再高也于事无补，一不留神就被生活开支给消耗光了。普通年轻人应当将更多的时间花在事业上，努力提高收入水平，增加可用于投资的本金。

股票投资之所以难，难在选股。经过那么多的知识储备，还要锻炼商业眼光，翻箱倒柜看财报，最终就是为了选出低估值、高增长的股票。就算这些功课都做好了，**我们还得面临来自未来的不可预见的风险**。如果我们将选股这个步骤去掉，事情就简单多了。我们不期待较高的长期回报率，而是追求一个普通的、高于债券的平均收益率。

【了解】

西格尔所著的《股市长线法宝》一书所述，美国1802年至2012年这两百多年间，股票作为一个整体品种，剔除通货膨胀后的长期复合收益率为6.6%，而长期国债为3.6%，黄金为0.7%。

适合普通人的股票投资法

普通人不需要太多财经知识，就能掌握的股票投资方法——指数投资（指数型基金）。

资本市场上有不少“地雷”和“陷阱”，即使投资能力很强也难免中招。指数有一个好处，就是它的样本量大。一个指数中所包含的股票数量，少则几十只，多则数百上千只。这些上市公司有好也有坏，最终好坏相互抵消，得到一个平均水平。

如果我们想要超越平均水平呢？其实也很简单。这里用到我们之前说的两根温度计——PE、PB。我们统计各类指数十年以上的运行情况，看看各个阶段它们的PE、PB是多少。最好选择有十年以上历史可追溯的指数，如上证指数、深证成指、恒生指数等。我们在时间轴上把各PE、PB的值连起来，这样高点和低点就一目了然。只要选择在PE、PB处于历史低位的时候投资指数，得到的收益率自然就能超越平均水平。关于上证指数和恒生指数近年的市盈率情况，可参见本书最后的附表一、附表二。

综合统计国内外各大主要指数的历史情况，当PE低于10倍时处于低估区域，20倍以上则为高估区域，中间为正常区域。这一点从实行注册制的美股、港股市场看得更清楚。A股由于之前实行审核制，供应量跟不上需求，所以曾经很长时间处于高估的位置。

指数投资时还需要注意，如果一味追求过低的估值，也可能会失去一些投资机会。2003 年 4 月底，恒生指数的点位是 8717. 22 点，对应的 PE 是 13. 32 倍。其后恒生指数一路凯歌，上涨至 2007 年 10 月底的 31958 点。即便其后遇到百年一遇的次贷危机（2008 年），最低也有 11015 点（对应约 8. 2 倍 PE），仍然高于 2003 年 4 月底的点位，这还没有计算 5 年间指数对应股票的派息收益①。

图 16 -1　恒生指 K 线图

我们注意到，虽然短期看指数起伏不定，但长期看一定是逐步上涨的。这是因为人类社会不断进步，上市公司不断发展，盈利也随之不断增加。上市公司所获得的利润，一部分用于分红，另一部分则留存下来用以扩大经营规模。上市公司净利润增长，相当于扩大市盈率的分母（每股收益），一定程度上降低了股票的估值。即使市盈率相同，但上市公司经过 5 年发展，股价早已不可同日而语。

一直傻傻地等着指数进入低估区域，可是苦苦等不来下跌，指数反而一路上涨，这该怎么办？为了避免这种尴尬，**我们还有一种更简单的投资法，叫指数定投**——就是每隔一段时间投入一定量的资金买指数基金。刚刚我们说到指数投资法，是因为我们不知道上市公司的好坏，所以我们找个平均。而指数定投则是在时间轴上，因为我不知道某个时间

① 指数成分股派息以后，指数随即自由回落。如果我们投资指数对应的一篮子股票，所获得的收益其实是超过指数涨跌幅的。比如恒生指数 2015 年底的点位是 21914. 4 点，但经过几十年的派息，其股息累计后实际是 54794. 31 点（数据来源恒生指数官网）。

指数到底是高估还是低估，于是拉长时间取平均。两项叠加，就是平均中的平均，可以获得股票投资的平均收益。当然我们可以在指数定投的基础上稍微灵活点，当指数估值超过20倍PE时，不投或少投。

【指数回报】

在PE估值水平不变的条件下（股市温度相同），投资不同的指数若干年，获得的回报可能有所差异。这主要跟上市公司的发展速度正相关。如果一个指数涉及的股票足够广泛，也可以说跟它代表的国家或地区的GDP发展速度正相关。

我们注意到恒生指数在1998年8月末的市盈率为8.09倍，而其在2015年8月底的市盈率为8.94倍，两个时间点跨度17年，且市盈率接近。我们再看看这期间指数给我们的回报：从7275.04涨至21670.58点，涨幅为197.88%，年化复合收益为4.1%。即便将期间的分红也算上，投资回报率也只有7%至8%。

再来看上证指数，2005年12月底市盈率为16.38倍，对应点位1161.06点；而2015年12月底市盈率为17.61倍，对应点位为3539.18点，10年间涨幅为204.8%，年化复合收益为7.43%。如果算上期间分红，投资回报率约为9%左右。

7%至9%，可以看作指数投资的平均收益率，也是股权投资的平均收益率。别小看这个数字，40年累积下去可是一笔大数目。毕竟这是普通人无须花费很多时间就能掌握的投资方法，而且它让普通投资者脱离了“二平七亏”的行列。如果期初市盈率是10倍，期末为20倍，那么我们还能拿到股市估值提升的额外收益。

如果您还想继续提升投资收益率，就得在投资路上花费更多精力。有一种低估分散策略，它比指数投资略复杂，但也能被普通人掌握。

低估分散策略

除了指数投资，我们还可以采取另一种策略来实现“傻瓜式投资”。这种策略需要我们资金量稍微多一点，40 万元以上较为合适。资金太少则难以分散持股，且交易费率较高。与此同时，还需要稍微了解一点财务知识，会通过财务报表自行计算 PE、PB。

我们首先通过一些财经网站或者行情软件，筛选出一篮子低 PE、低 PB 的个股。然后逐一阅读财务报表，核算出它们的 PE、PB 值，剔除一些 PE、PB 被扭曲的情况（如非经常性损益等），并将结果记录下来[①]。最后，我们在各个行业中分散地选择低 PE、低 PB 的个股，买入并持有。因为股价是变动的，所以我们还需要按月审查，如果出现更低估的标的，则进行换股。可在上交所网站查询行业分类信息，如表 16－1：

表 16－1　CSRC 行业分类

行业名称	行业代码	交易股票数（只）	市价总值（元）	平均市盈率	平均价格（元）
农、林、牧、渔业	A	15	110231592002	69.65	8.84
采矿业	B	47	2682985261172	14.06	6.59
制造业	C	599	7641707763382	33.22	11.19
电力、热力、燃气及水生产和供应业	D	57	1291105568796	18.57	7.45
建筑业	E	36	1087616472270	15.19	7.82
批发和零售业	F	94	920721304436	33.79	12.46
交通运输、仓储和邮政业	G	65	1347653945944	22.91	7.08
住宿和餐饮业	H	4	37044041747	57.31	27.73

① 财经网站的结果经常有错，必须自行演算一遍。

续表

行业名称	行业代码	交易股票数（只）	市价总值（元）	平均市盈率	平均价格（元）
信息传输、软件和信息技术服务业	I	30	668547990507	55.49	13.53
金融业	J	36	7186542093078	7.92	6.31
房地产业	K	78	1217783831625	21.86	10.67
租赁和商务服务业	L	12	165664849653	48.74	14.78
科学研究和技术服务业	M	7	62334523489	59.43	19.79
水利、环境和公共设施管理业	N	11	73311300368	65.59	24.86
居民服务、修理和其他服务业	O	0	0	—	—
教育	P	1	7712708179	122.27	29.77
卫生和社会工作	Q	1	12104160000	109.91	37.75
文化、体育和娱乐业	R	14	211750616432	35.45	15.5
综合	S	18	184032226103	65.71	14.05

注：截止时间为2016年1月21日。

股票的估值低，有可能是因为处于夕阳行业，前景不被看好；又或者是周期性行业，利润处于顶峰时期（好得不能再好，未来就只能下降了）。**所以我们需要将投资标的分散到不同的行业中去**。但总体来说，低估值更多是出自投资者的悲观情绪。对于低估的股票而言，因为预期不高，所以只要业绩稍有改善，股价就可能上涨。反观许多高估值的“成长股”，多多少少有泡沫成分，即使业绩维持高增长，只要增长幅度不如市场预期的那么高，股价也可能下跌。

【了解】

投资大师沃尔特·施洛斯是低估分散策略的典型代表。他管理的基金在1955—2002年间，扣除管理费后的年复合回报率达到15.3%（扣费前约20%），成长约700倍（期间标普500指数约上涨80倍）。

慎用杠杆

股票投资上杠杆，简单说就是“借钱炒股”。比较正规的渠道有券商融资（须开通信用账户），或者一些上杠杆的基金（如分级 B 类）。

还记得前面提过的财富蓄水池公式吗？走在正确的理财路上，只要有耐心，时间会成为我们的帮手。但是，现实生活中许多人对财富积累速度并不满足，总想着“一夜致富”，炒股上杠杆成为选择之一。

大部分人难以驾驭杠杆。股票投资一旦上杠杆，恐惧和贪婪被成倍放大，赌性心理会更重，许多人甚至难以入眠！2015 年中，A 股市场迎来股灾 1.0，股灾 2.0，短短两三个月十多次千股跌停，股票融资余额从 2 万亿元迅速降到 1 万亿元规模，大量融资客被迫平仓，许多中产阶级上演了“快速致贫”。我一位朋友的朋友，股灾 1.0 后亏光了两百万，杀红了眼，又借了几十万继续上杠杆，结果又遇到了股灾 2.0……

价值投资有句经典名言，大意是寻找被市场低估的股票，买入并持有。只要上市公司继续发展，利润也会越来越多，回报早晚会随之而来。如果市场变得乐观，股票的估值得到提升，那么我们还可收获“戴维斯双击”①。可是一旦加了杠杆，时间就从朋友变为了敌人。你花了很多精力，确实找到一家好公司，股价已经非常便宜，但这并不意味着股价不会继续下跌。股市中许许多多交易者并不理会股票的实际价值，他们时而非常乐观，时而非常悲观，股价也因此上天入地。加上杠杆后，你很可能被其他愚蠢的交易者震荡出局——虽然价值 1 元的股票在

① 随着上市公司业绩好转，市场对其股票的前景显得更乐观，并给予更高的估值水平。假设利润上涨 3 倍，估值上涨 4 倍，则股价上涨 12 倍。

按4角的价格交易，但他们还是不断卖空，4角也可以继续跌到2角、1角。一旦跌破平仓线，即使它随后上涨了数十倍，都与你无关了。2008年的港股长城汽车就是典型的例子。·

所以我们需要慢慢来，投资是场马拉松，不是百米赛跑。保持良好的心态，不借别人的钱投资股票，不将短期要用到的钱投资股票。

【了解】

几种常见的骗局：

(1) 向股民大量群发短信，推荐不同的股票。这里面总有几只涨势不错的，第二天进行电话回访，劝说高价购买“炒股软件”或入会，后期有专业“老师”指导炒股。

(2) 发展会员，层级式“跟庄”。同一时间通知客户买入某只股票，由于大量资金同时买入，股价自然被拉升，会员觉得“很灵验”。反之同一时间大量卖出，股价自然要下跌，依然“很灵验”。会员按入会费被分作三六九等，庄家的资金优先级最前，高等级会员得以提前买、提前卖，等级靠后的会员只能当炮灰了。即便如此，高等级会员也不见得一定盈利，因为撇开高额的会员费不说，许多“庄家”自己都被更大的鳄鱼吃掉了。

(3) 牛市时，各类骗局兴起，但此时即使随便买只股票也能涨得不错，但前提是记得在舞曲结束前离开；熊市时，各类骗局销声匿迹，但其实此时股票价格都很低，反而是价值投资买入的好时机。

第十七章

基金和信托：寻找靠谱的专业理财

品类繁多的基金

对于投资人来说，基金就是把钱交给专业财经人士打理。基金管理公司收取一定的费用，如管理费、申赎费等。扣除这些费用后，不论是赔是赚，均由基金投资人承担。

公募基金品类繁多，数量比股票还多（2015 年初超越）。2015 年共发行了 800 多只基金，截至年底公募基金的总规模达到 8.4 万亿元（但货基占了半壁江山）。对大多数人来说，挑选一款适合自己的基金并不容易。

我们普通大众能接触到的基金，被称为“公募基金”。它的特点是可以公开宣传，公开募集发行，投资门槛低，由某某基金公司发行[①]。此外还有面向高净值人士的私募基金，特点是不能公开宣传，只能面向少数特定人群，认购门槛高（不低于 100 万），一般由某某资产管理公司发行。

在公募基金这个大框框里，又分很多类别，我们来看一看：

投资范围

基金可以投资的范围很广，除了前面提到的货币基金外，还可以是股票（股票型基金）、债券（债券型基金）、股债混合（混合型基金）、大宗商品（如石油、贵金属等）、房地产（REITs）等，甚至还有投资基金的基金（FOF）。

根据最新的《公开募集证券投资基金运作管理办法》[②]，股票型基

① 本章主要涉及公募基金，后文中未特别注明的基金，均指公募基金。

② 中国证券监督管理委员会令第 104 号，2014 年 7 月 7 日发布。

金投资股票的最低仓位不得低于 80%，这意味着如果遭遇股市崩盘，股票型基金只能硬扛，无法将仓位降低至 80% 以下。同样，债券型基金投资债券的最低仓位不得低于 80%。但不要因为“债券”二字就认为其“风险低”。首先，债券型基金通常用正回购等方式加杠杆买债券，短融长投，因而受到的利率风险较大；其次，债券型基金既可以配置较多的可转债（股性较重），也能够买一小部分股票。至于混合型基金，投资仓位灵活得多，不受限制。关于基金仓位要求的具体情况，可以在招募说明书中找到。

根据投资范围，还可以更细致地分类，如专门投资短期债券的短融债基金，专门投资大盘蓝筹股的股票型基金等。投资人可以根据自己的需要去选择合适的基金。

申赎及交易方式

基金按能否进行申赎，可分为封闭式基金和开放式基金。同时根据其是否能够在交易所买卖，又分为可交易型基金和不可交易型基金。

封闭式基金在募集完毕后的“封闭期”内，不能进行申购和赎回，即基金的份额总数不变。许多封闭式基金不能申赎，但可以在证券交易所买卖。由于封闭式基金不能按净值赎回，而其中的股票型基金又有仓位限制，所以当股市低迷时便少有人愿意接手（买入），交易价格相对净值出现大幅折价。2005 年熊市底部，甚至出现了不少打半价的封闭式基金。封闭期结束后，一般的处理方法是转为开放式基金，或对基金清算返还资金（这个很少）。

随着早期的封闭式基金陆续到期，目前市场上的封闭式基金数量很少。大部分新基金均开放申赎。开放式基金允许申赎的日期即为“开放日”，一般的证券交易日都是开放日，但有些基金也常常暂停申赎，如 QDII 外汇额度耗尽，又如一些基金申购额太多，难以完成资产配置（之前的打新基金），具体情况留意基金的公告。

封闭式基金一般都能在交易所买卖（少量除外），但并不是所有的开放式基金都能交易，其中可交易的又称为LOF，或ETF等。此类基金可以按照净值赎回，所以其交易价格不会偏离净值太多，否则就会有套利资金介入。

场内基金与场外基金

通常说的“场内”指的是上海和深圳两个交易所之内。我们除了利用炒股软件申赎和交易基金，还可以通过银行、基金公司官网，甚至淘宝、天天基金网、陆金所等其他平台进行申赎，这些申赎渠道都称为“场外”。同一只基金，既可以在场内申赎和交易，也可以在场外申赎（但不能交易）。当然也有一些基金只在场内，或只在场外。

对于在场内有交易代码的基金，我们也可以进行转托管，即“场外转场内”，或“场内转场外”，将基金份额在同一个身份证下不同的账户之间进行转移。通常场外转场内更多，因为许多基金在场外的申购费率打折。此类转换的流程比较复杂，通常只用于套利。

分级基金

我们在前面的章节里提到的分级A，就是分级基金的一种。分级基金简言之就是“借钱买股”“借钱买债”。分级基金分作母基金、A类子基、B类子基[①]三种。母基与其他基金并无二异，只是可以按比例拆分成A类子基、B类子基。其中A类子基获取固定收益，相当于借钱给B类子基，而B类子基则承担更多的盈利和亏损。

分级基金从2014年下半年开始发展壮大，尤以跟踪各类细分指数的被动型分级基金为多。通过分级基金，我们不仅可以投资各类指数，

---

① 一般会在对应分级子基后加上A、B，以作区分。但早期发行的分级基金也有其他名字，如华银稳进为A类，华银锐进为B类等。反过来说，并不是加了A、B字样的基金就都是分级基金，比如某些货基加了B的字样，只是提高了申购门槛（基金收取的费率更低）而已。

还可以投资于一些细分行业（行业指数），如银行、券商、环保、军工等。

一定要看《招募说明书》

《招募说明书》就像是一本产品说明书，它收纳了基金最全面的资料，类似的还有《上市公告书》和《基金合同》。后两者如果没有时间详细阅读，可以重点关注《招募说明书》。

一般的《招募说明书》都有百页以上，但其实需要关注的内容并没有那么多，有时一个销售机构清单就用掉几十页篇幅，其中有许多“八股文”，可以直接跳过去。例如，基金管理人职责有：“1、依法募集资金，办理基金份额的发售和登记事宜；2、办理基金备案手续……”我们重点关注的内容有：

（1）基金经理介绍。这个自然不用多说，基金经理就像一只基金的导演，很大程度上决定了基金的运作水平。该部分内容会列出基金经理的学历、曾担任过哪些基金的经理，同一时间是否兼任其他基金的经理等内容。某些基金经常更换基金经理，这需要引起我们的注意。许多人冲着明星基金经理去投资的，更得密切关注这一点。

（2）申赎时间及方式，交易方式等。如是否为开放式基金，能否在证券交易所交易等。ETF 基金的申购办法略有不同，后文还将详述。

（3）封闭期及封闭期结束后处理方法。许多开放式基金在认购期结束后，会暂时封闭一段时间（一个月内）才上市交易或开放申赎，以利于基金建仓。通常封闭期超过一年以上，且有固定的封闭期结束日，才称为封闭式基金。封闭期时长以及结束后的处理办法是必须关注的。封闭期结束前，封闭式基金的折价率有缩窄的趋势，因为它将转换为可按净值赎回的 LOF 基金，或按净值清盘返还资金等。

（4）巨额赎回的认定及处理方式。同一时间大量基金遭遇赎回（一般认为10%以上），基金可以采取部分顺延赎回、全部顺延赎回、暂停赎回等措施。

（5）基金转换业务。许多基金公司都有基金转换业务，方便客户在同一基金公司旗下的基金之间转换，其效果就相当于赎回一只，申购另一只，只是省下了一些申赎费用。这也是基金公司防止客户流失的一种方法。

（6）拒绝或暂停申购、赎回和转换的情形及处理方式。此处列举了各种可能性，如外汇额度不够用；又或者基金资产规模过大，找不到合适的投资产品（一些基金公司的旗帜型产品，为了树立业绩榜样，可能暂停申购）等。如果出现此类情况，基金公司会单独发布公告说明。

（7）投资策略、范围、比例等。基金的投资策略是积极进取，还是稳健保本？投资范围是债券还是股票？是稳健型的大盘蓝筹股，还是高新技术的小盘成长股？各类投资的最低及最高比例，会不会使用杠杆（各类投资比例合计超过100%）？这部分内容很重要，不同的投资去向，收益性和风险性也各不相同。

（8）业绩比较基准。通过这部分内容，可以对基金的收益性、风险性、业绩目标有一个大致了解。例如，货基的比较基准一般是银行存款利率，所以它的净值不会每天大幅波动。再如，如果一只基金的比较基准是上证A指数收益率×80%＋上证国债指数收益率×20%，那么它的收益和风险大致就像是八成股票，两成国债，当然基金经理会努力使业绩好于比较基准。

（9）估值方法（净值）。基金会在每个交易日结束后，将基金财产的价值估算出来，除以总的基金份额数量，得到每份基金的净值。基金的申购和赎回都是以这个净值为参考进行的，所以估多估少会直接影响基金持有人的收益。这里特别注意停牌股票的估值调整办法，还有一些无交易量的证券、非上市证券等的估值办法（一般是债券）等。

（10）收益分配方法。主要是基金分红的一些事项，是发放现金还是基金红利份额等。某些基金还规定，“如果基金投资当期出现亏损，则不进行收益分配”“基金当期收益先弥补上期亏损后，方可进行当期收益分配”等。

（11）基金费率。基金的费率包括运营类费率，如管理费、托管费、营销费、指数使用费（指数型基金）；以及交易类费率，如申购费、赎回费、转换费率等。运营类费率虽然没有直接的“收费”动作，但却是实实在在的费用，它直接在基金净值里扣除掉了。而交易类费率，只有当投资人有交易操作时才会产生。为了促销，部分渠道的申购费率还可以打折①，一折、五折的都有，此类渠道多为基金官网或其他网络平台。申购费率也可能因为申购金额的不同而设置不同的收费档位，赎回费率则可能因为持有基金的时间长短而设置不同的收费档位。基金《招募说明书》一般没写其在证券交易所的买卖佣金费率，因为它是券商收取的，各家券商会有不同，就跟股票佣金一样。

一般人更关注基金的历史业绩，而较少关注基金费率。有的货基运营类费率高达0.8%以上，有的却不足0.3%，因为货基的收益率本就不高②，所以后者已经赢在了起跑线上。又比如各类股票型基金中，主动管理型基金的费率相对最高，而指数型基金费率则大致低了一半。

（12）建仓期，指数型基金尤其注意这一点。许多新成立的基金，规定了三至六个月的建仓期，在建仓期内基金的仓位不受约束，有些基金甚至因此空仓了半年。

（13）分级基金特别注意事项。如A∶B的比例数量；A、B子基是永续型还是定期转换型；定折、下折、上折的办法；A类子基的利率规则等。分级基金种类繁多，未来发行的新分级基金，还可能冒出新的

---

① 赎回费率就不存在打折了，因为鼓励进不鼓励出。

② 货基收益率的比较基准是定期存款，2015年底时，大部分货基年化收益率在3%左右。

东西。

（14）风险揭示。该部分内容详细列举了各种可能的风险。虽然很多也是“八股文”，但有必要细读一遍。

（15）合同终止及清算。一只基金之所以遭遇清算，两种可能性最大，要么是运行不划算（亏本），要么是基金公司或基金托管人（银行）没有能力继续运营（破产倒闭或被吊销牌照），且没有同行愿意接手的。基金的招募说明书中会有基金清算的条件，例如某基金规定：基金份额持有人数量连续 60 个工作日达不到 100 人，或连续 60 个工作日基金资产净值低于人民币 5000 万元。许多投资人喜欢在熊市抄底，注意不要遇到规模过小而清盘的基金。

（16）其他。任何你关心的内容，都可以在《招募说明书》里找到。例如定期定额投资办法（定投）等。

基金的风险更小吗？

投资基金就是把钱交给专业财经人士打理，因而许多人认为基金的风险更小（与自己直接投资相比）。很少有人愿意花心思去看一看基金的《招募说明书》，更不要提基金的定期报告了。

这是一个很奇怪的心理，一般认为基金风险小的人，并不会觉得基金可以产生更高的收益（明星基金除外），大概是因为想博得高收益的人，都捋起袖子亲自动手了。

投资可以简单，但不能偷懒。投资者的财务状况和风险偏好，只有自己知道，这一点基金经理并不清楚，他根本见不着你。不同的基金对应着不同的风险，风险低的有货币型基金，风险高的也有分级 B 类子基（风险高过普通股票）。我们在投资一只基金前，最起码应当知道它的投资去向、投资风格、带不带杠杆、基金经理的能力等。例如，很多人觉得债券风险小，就买了债券型基金。但债基可以上杠杆，如果在加息周期进行短借长投，其净值难免大幅下跌，风险程度超过我们自己直接买债券。

对于股票和股票型基金，许多人认为后者的风险更低，是因为基金在同一时间持有几十甚至数百只股票。的确，单只股票可能遭遇“黑天鹅”，同时持有N多只股票，“风险”看上去小了。但其实股票型基金投资的还是股票，它和股票应当是同一个风险等级，即使分散持股也改变不了这一点。风险是一种概率，即使我们每天走不同的路线下班回家，也不会减少交通事故出现的概率。

【了解】

2008年美国次贷危机的源头，就是被打包和分散的次级房屋贷款——它们的风险并没有降低，反而引发了百年一遇的金融危机。

股票基金还是指数型的好

作为普通投资人，许多金融产品我们无法直接投资。基金拓宽了投资渠道，例如QDII可以投资港股、美股等；又如货币基金可以投资银行大宗存款。

此外，一些基金还帮我们省了不少事。例如，指数型基金通过按比例持有成分股，达到跟踪指数的效果。因此我们不用一笔一笔去分散买入上百只股票（资金量小甚至做不到）。

但是还有一类基金更引人关注，它就是主动管理的股票型基金。许多人青睐此类基金，是因为基金经理给人“更专业”的印象，怎么也该胜过平均水平（指数）吧？可是在这个资本市场上，还有保险资金（也是专业的投资经理），还有对上市公司更了解的大股东，还有大户和游资（也叫“庄家”等），难道他们就不具备战胜市场平均水平的能力吗？一条河流有鳄鱼、有蟒蛇、还有河马——肯定有被吃的河马，也会有饿死的鳄鱼、斗死的蟒蛇。

股市波动无规律，这也使基金的业绩飘忽不定——去年还是排头兵，明年却业绩垫底。去年小盘股涨得疯，投了小盘股的基金业绩自然好。今年轮到大盘蓝筹股，排前头的又换成另一批基金。基金经理的业绩考核是短期的，所以也难免追涨杀跌。要判断一个基金经理的能力（不是运气），至少需要五年以上时间。

我完全没有能力选出一只主动型管理基金，能够铁定跑赢指数。我认为这比选出一只值得投资的股票还难，所以我在这方面无法给出任何建议。在数千个基金经理中，一个一个对比历史业绩，研究他们的投资理念，观察是否言行一致等——如果你没时间去做这些工作，倒不如直接投资指数型股票基金。

关于指数投资，我们在前一章中有所提及，本章从基金的角度补充一些知识。指数型基金主要有 ETF、LOF 和分级基金三种形式。其中跟踪指数效果最好的是 ETF 型基金。

ETF 又称“交易型开放式指数基金”，看名字就知道它既可以申赎，又可以交易。但 ETF 在申赎时有个特点，它不是拿钱去申赎，而是用一篮子股票（按指数成分及比例）去换取基金份额，赎回时又是以基金份额换回一篮子股票[①]。由于这种申赎方式，使得基金不需要保留太多流动资金去应对赎回，也无须因为客户的申赎而在盘中买卖股票，因而可以最大程度跟踪并贴合指数。因为申赎采用的指数包含的一篮子股票，所以它的门槛也比较高，通常需要几十万、上百万元。普通

① 一些 ETF 也支持用现金进行申购或赎回。其原理是在申赎过程中增加了一个步骤，即帮助客户以现金购买或卖出一篮子股票。现金申赎成交数据进行实时逐笔清算，实时交收，不同的申赎时点成交价也不同。这一点不像其他基金那样以收盘后净值计算申赎价格，因此中途加入的申赎资金不会影响存量基金的净值。

投资人不用灰心，虽然我们不参与它的申赎，但仍然可以在证券交易所买卖 ETF，其交易的门槛低很多（几百元就能参与）。ETF 既能申赎又能交易，当申赎净值和交易价格出现较大差异时（折溢价），大户和机构会参与其中的套利活动，从而使交易价格贴近净值，所以 ETF 不会像封闭式基金那样出现大幅折价。

LOF 又称“上市型开放式基金”，中文名字看上去和 ETF 差不多，不好区分。没关系，我们记住重点就行——LOF 申赎是以当日收市后的基金净值作为依据进行的，不用管什么“一篮子股票”了，因此它的申赎门槛也低很多（无门槛或依据基金的具体规定）。注意是收市后的基金净值，如果早盘指数下跌了 5%，你想着抄底所以发起申购了，但下午指数止跌并上涨了 4%，结果申购按收盘后的净值计算，这个底没抄着！LOF 基金面临净申购或净赎回时，需要在市场上买入或卖出对应的股票，这个买卖股票的时机会对净值产生影响，所以它跟踪指数的效果不像 ETF 那么好。此外，LOF 为了应对大额净赎回还必须保留更多的现金或国债，一些 LOF 规定了它投资指数成分股的比例不低于 85%、90% 等，甚至还允许加入一些指数外的备选股。虽然这增加了 LOF 的灵活性，但是基金经理总有一颗跑赢指数的心——仓位起伏不定，反而更难把指数跟踪好。

可以说指数跟踪能力最差的，还得算分级基金。当然这并非是基金经理能力的问题，而是因为分级基金经常面临大批量的套利盘，导致其规模变动远大于 LOF。例如，2015 年 4 月后由于港股大涨，H 股分级（161831）出现大量套利盘，其总规模（含子基）迅速从不足一亿元飙升至近百亿元。

如果是长期投资，希望收益回报尽可能贴近指数，首选是 ETF。当然了，分级基金的跟踪能力虽然比不上前二者，但它经常出现套利的机会，我们可以用底仓套利的办法取得超越指数的成绩，这适合有时间看盘的投资人。

【分级底仓套利】

分级底仓套利有两种，一种是分拆套利，一种是合并套利。套利方法其实很简单，先持有基金底仓——分拆套利按比例持有子基，合并套利则应该持有母基。底仓分拆套利：在交易日尾盘时，当 A + B 子基的价格大于母基的估算净值时（根据 A、B 比例调整后），此时以较高的交易价格卖出 A、B 子基，以较低的净值申购同样多的母基，完成套利，持仓不变。底仓合并套利与之类似，操作方向相反，不再赘述。

私募基金和信托

私募基金和信托都是面向高净值人士的金融产品，这里只简单提一下。它们运行起来更灵活，除了认购门槛这条硬杠杠，没有那么多条条框框，一切以签定的合同为准（所以仔细阅读合同吧）。

私募基金除了不能公开宣传外，购买门槛还非常高。根据《私募投资基金监督管理暂行办法》①，投资于单只私募基金的金额不低于 100 万元，而且投资人的金融资产不低于 300 万元或者最近三年个人年均收入不低于 50 万元②。所以说私募只适合于高净值人士。

另一方面，私募的发行门槛却低很多。私募可以通过券商的资管计划或者信托等渠道发行。私募发行实行备案制，不像公募基金那样需要基金公司牌照，也不用层层审批。截至 2015 年底，私募的认缴规模已经超过 5 万亿元。私募产品五花八门，除了投资于股票、债券，还可以投资非上市公司股权（包括 PE、VC 等）。仓位控制也更灵活，甚至还可以采用量化对冲、套利策略等。

---

① 2014 年 8 月 21 日颁布。

② 如果是单位，则净资产不低于 1000 万元。

跟基金一样，信托也是受托理财，由信托公司发行，分为资金信托（管钱）和财产信托（管物，房产、森林、老古董等）。基金归证监会管，信托归银监会管。信托的投资门槛也是100万元起，个人或家庭金融资产总计在其认购时超过100万元，个人收入在最近三年内每年收入超过20万元或夫妻双方合计收入在最近三年内每年收入超过30万元人民币[①]。

信托产品的投向更多为债权（包括一些“明股实债”的债权），如投向房地产公司的贷款、地方政府平台债等。目前的信托圈流行一种“刚兑”的现象，即信托产品到期后，信托公司必须保障兑付本金和收益。如果信托产品出现问题，信托公司需要“兜底”。请注意，这种做法是信托公司为维护自身声誉而做出的主动行为，信托公司完全可以不“兜底”。投资人不应以之前的“刚兑”案例，就认为此类债权型的信托产品是零风险。

【了解】

明股实债：一些行业限制了企业或项目的最低自有资本金比例。比如一个4亿元的项目规定自有资本不低于1个亿，但企业手上只有5千万元，怎么办？这时可以找信托入股5千万元，组成有1亿元自有资本金的合资公司，并约定若干年后可以加价购回信托手上的股份，加价部分相当于借款利息。

① 《信托公司集合资金信托计划管理办法》，2007年1月23日。

第十八章

保险：分散风险还是财富增值？

保险的起源

现代保险起源于 14 世纪的意大利。当时的航海业逐渐发展起来，但没有天气预报和 GPS，还经常有海盗出没，航海面临巨大的风险。在此基础上，保险公司诞生了。最初保险赚的是概率的钱，即保险的收入大于理赔的资金（保额 × 概率），即可获得正收入。正收入扣减公司的运营费用和税收，剩下的就是净利润。随着保单的增多，保险公司慢慢发现账本上总有一大笔闲置资金——因为发出去的保单并不一定明天就得理赔，理赔事件可能是几个月甚至几年后才发生。保险公司只要账面上有一些流动资金可以应付近期的理赔事件，多余的资金就可以用来做其他的投资（股票、债券、房地产等）。

经过几百年的发展，保险逐渐发展出今天的产险、寿险两大类别。如今各式保单五花八门，条款各异，但保险的本质没有变，盈利模式也没有变。

保险是款“奢侈品”？

有一个普遍的规律，收入水平越高的人对保险越重视。这一点很容易理解——如果连饭都吃不饱，谁还会想起保险呢？也有人认为，理财是钱越理越多，而保险却是在“花钱”，这不是跟理财八竿子打不着吗？

【保险也是理财】

还记得“盘点资产负债表”一章里提到的表外负债吗？突发性不

利事件也是表外负债，如车祸、火灾、疾病等。当这些不利事件发生时，表外负债就变成了真实损失。在资产端配置一笔保单来冲抵表外负债，这遵循了资产与负债配对的财富管理原则。

为何收入水平越高越应该重视保险？现实生活中，“大起大落”比“一直低落”更能摧毁一个人的意志。大起大落之后，许多人甚至选择轻生（期货和股市上的著名“案例”一抓一大把）。其实他们即便在败落以后，财务状况仍然优于发迹之前，生活过得比普通人滋润得多。

对于中产阶级来说，有房有车有积蓄，生活过得不错。当财富逐渐增多以后，花钱享受带来的快乐指数远远比不上失去财富的痛苦指数。中产阶级好不容易才打拼到今天的地位，如果自己或家人出点什么状况，因祸返贫……保险正是这样一个东西，虽然买不来享受，却可以防范风险。

重要的是风险意识

投资大师查理·芒格有一句名言：“如果我知道自己将会死在何处，那我永远也不会去那个地方。”

当不利事件发生时，保险可以提供一定的经济补偿，但保险只是事后保障，无法事前防范风险。因此，比保险更重要的是风险意识。我们并不是碰到一款保险产品（或股票、债券等其他金融产品）才想起风险，风险意识应贯穿在我们一生的行为之中。风险意识是一种理性思维，是为人处世的价值观。我每天经过家门前的十字路口，经常见人骑着电动车横冲直撞，根本不管红绿灯。他们之中许多人，冒这么大风险急冲冲赶回家也没什么大事，可能只是看看电视肥皂剧。相比之下，我以前的老总，喝酒绝不开车，还老是嘱咐司机开慢点，哪怕他已经为公司事务忙得焦头烂额。

不论做什么事，多想想风险的一面。从这一点出发，就很容易找到适合自己的保险——我们面临的风险有哪些，它发生的可能性有多大，一旦发生会带来多少损失？

我们知道，青年人比老年人身体更健康，患病的概率更低。因此许多年轻人觉得买医疗保险没必要，等年纪大了再说。可是反过来想，六七十岁的老年人即便患病，也已经经历了人生大部分美好的年华。而且他们手上的积蓄也往往更多（累计工作时间更长），能够支付一定的医疗支出。但对二三十岁的青年人来说，由于处于事业起步阶段，手上积蓄不多，对重大疾病的抗风险能力差。如果因为财务原因而耽误了治疗，失去后面三四十年的美好人生，岂不是很可惜？

此外，许多人给孩子、爱人买了保险，认为这是爱的体现，却单单忘记了自己的那一份。其实家庭中的经济支柱反而更应该买保险，因为一旦他们失去劳动能力或离开人世，对整个家庭的冲击更大。

两大商业险，产险与寿险

产险也叫财产保险，顾名思义是以财产作为保险对象。寿险也叫人寿保险，即以人身生命安全作为保险对象。不管何种保险，重要的还是保险合同。一般人的理解能力都能看懂，但并不是所有人都愿意仔细阅读。

相对来说产险更简单，我们要注意的关键点无非是保险的时间和范围、保额上下限（含报销比例等）、保费优惠信息等。产险中体量最大的一块是车险，占据了半壁江山。需要注意的是，在按揭买房时银行也常常推荐你买一些保险，这个保险跟按揭贷款没关系①，它是房屋遭受

① 许多人错误地认为这个保险给银行买的：当自己还不起贷款时，保险公司补钱给银行。

火灾、水灾、地震等情况时的保险。

医疗险、健康险、人身意外险、养老险大多被归入寿险的范围。跟产险一样，寿险也需要注意保险的范围、保额上下限（含报销比例）等信息。除此之外，寿险相对复杂很多，因为除了传统的保险式寿险，还有具备投资性质的投连险、分红险、万能险等。后三种说白了就是保险公司用你交的保费（投资本金）去投资，在分配收益时扣除一部分当是缴了保费（真实的保费）。之所以发展成这种形式，因为保费是一笔“费用”，交完以后等于是“花掉了”。消费者对开支是很敏感的，这不利于保险的推广。当真实保费嵌入到一个理财产品里面，几乎没有人能算清这笔账。不少人在选择寿险时有一个误区，就是忽略了资金的时间价值——因为投资型保险不仅不用花钱，反而还有钱收，所以客户的抵抗性也就降低了很多。

【注意】

并非所有的投资型保险都能取得正收益，注意看保险合同中是否标明“保底利率”。一些高收益、高风险的投资连结险，是存在亏损可能的。

这里举一个简单的保险模型。例如，每年交保费 1 万元，连续交满 10 年。10 年后可以每年领取 8 千元，连续领 20 年。这样一个保单，是不是很吸引人？毕竟 1 万元只需要交 10 年，而 8 千元（看上去和 1 万元也差不多）却可以领 20 年。我们来算算这笔账。

表 18－1　10 年投资资金变化　　单位：元

年份	交保费	收益率	10 年后对应金额
第 1 年	10000	$5\%^{10}$	16288.95
第 2 年	10000	$5\%^{9}$	15513.28
第 3 年	10000	$5\%^{8}$	14774.55
第 4 年	10000	$5\%^{7}$	14071.00
第 5 年	10000	$5\%^{6}$	13400.96

续表

年份	交保费	收益率	10 年后对应金额
第 6 年	10000	$5\%^5$	12762.82
第 7 年	10000	$5\%^4$	12155.06
第 8 年	10000	$5\%^3$	11576.25
第 9 年	10000	$5\%^2$	11025.00
第 10 年	10000	$5\%^1$	10500.00
	合计		132067.87

在保险公司的精算假设里，投资收益率为 5% 左右，我们先假设这个收益率刚好达到。客户每年交 1 万元保费，按 5% 复合收益率计算，10 年后这笔资金约对应 13.2 万元。在此后的 20 年，又会发生什么呢？来看表 18－2。

表 18－2　20 年后资金变化　　单位：元

年份	领取保费	保险公司年末剩余
第 11 年末	8000	130271.27
第 12 年末	8000	128384.83
第 13 年末	8000	126404.07
第 14 年末	8000	124324.27
第 15 年末	8000	122140.49
第 16 年末	8000	119847.51
第 17 年末	8000	117439.89
第 18 年末	8000	114911.88
第 19 年末	8000	112257.48
第 20 年末	8000	109470.35
第 21 年末	8000	106543.87
第 22 年末	8000	103471.06
第 23 年末	8000	100244.61
第 24 年末	8000	96856.84
第 25 年末	8000	93299.69
第 26 年末	8000	89564.67
第 27 年末	8000	85642.90

续表

年份	领取保费	保险公司年末剩余
第 28 年末	8000	81525.05
第 29 年末	8000	77201.30
第 30 年末	8000	72661.37

注：第 11 年的年初从之前合计的 132067 元中领取了 8000 元，剩余约 124067 元。这一笔钱在第 11 年一年间获取 5% 的投资收益率，得到 130271 元。后面的年份采用同样的算法。

从上面两张表可以看出，客户前后总共投入 10 万元，最后陆续拿回了 16 万元，初看上去好像很划算。但是如果考虑资金的时间价值以及通货膨胀，又完全是两回事了——时间拉长以后特别明显，第 1 年的 1 万元与第 30 年的 8 千元，两者已经完全不在一个数量级上。这笔保单的投资锁定期很长，但复合收益率却不到 3%。30 年后，保险公司拿走 7.26 万元，几乎占到总收益的一半。

【思考】

你买保险是以防范风险为目的，还是以投资增值为目的？出发点不同，需要注意的问题又有哪些不同？

当然了，实际保单的设计远比上例复杂，而且最后保险公司也拿不到 7.26 万元，因为中间还需扣除运营费用。运营费用很大一部分发生在第一年，如保险经纪人的佣金。据说一些种类的保险，经纪人佣金可以占第一年总保费的 30% 以上，**所以如果客户提前退保，会被扣掉一大笔“违约金”**。许多保险经纪人为了业绩，并没有过多考虑客户的需求。新闻经常曝光类似的不光彩事件，受骗者以老年人居多。比如经纪人跟老奶奶说“保险就是存款”，结果这个保险品种必须连续交保费若干年，等到能取出保险收益时，老奶奶都 90 多岁了……

【购买渠道】

保险销售渠道包括官方直销、银行、经纪代理人（包括电话营销)、网络平台等。对于保险公司来说，银行渠道、代理人渠道的成本高，因而保费也相对更高，“违约金”（寿险）也不客气。建议尽量通过官方直销（含官网）或网络平台购买保险，并选择理赔服务方便的大型保险公司。

注意寿险签约后有10或15天（银保渠道）的“犹豫期”，在犹豫期内退保可免收违约金（当然对应的销售渠道也将拿不到佣金）。

社会保险，每个公民的福利

前面我们提到的保险，都属于“商业保险”，保险公司是以盈利为目的来开展保险业务的。还有另一类保险，属于社会福利的范畴，也就是我们通常说的“五险一金”①，此外还有“新农合”等。

社会保险与商业保险最大的不同，就在于它的福利属性，它是一种社会财富再分配机制。我们知道税收制度是富人多交税，穷人少交或不交税。政府将一些国有资产或财政拨款（税收是来源之一）划拨给社保②，以满足中低收入群众的基本生活保障。当然社保也并不完全由政府来补贴，单位和个人必须缴纳一定的保费，才能享受社保的福利。

所以我们应尽量缴纳社保，否则无法享受这项社会福利。一般正规的政府机构、企事业单位都会帮员工缴纳社保，大头是单位缴纳，进入社保“统筹账户”（约占三分之二以上）；小头是单位帮个人代扣，进

① 五险一金包括：基本养老保险、基本医疗保险、工伤保险、失业保险、生育保险，住房公积金。

② 社保分作社会保险基金和全国社会保障基金，保险和保障一字之差，用途各异。前者主要用于个人养老、医疗、工伤、失业和生育保险待遇的当期发放，后者则专门用于人口老龄化高峰时期的养老保险等社会保障支出的补充、调剂。

入社保“个人账户”[①]。社保在税前扣除，免交个人所得税。如果用人单位不缴纳社保，是违反《劳动法》的，可以申请劳动仲裁并获得补偿。

但是，现在的用人单位属于强势一方，有时劳动者不得不签订《自愿放弃社保申明》。也有许多人并没有单位，属于个体工商户或自由职业者。这种情况下，我们也可以在社区、街道或社保局自行参保。农村户口还可以参与“新农合”社保，保费很低，但保障很全面。

五险中最大的一块是“基本养老保险”。注意这里的“基本”二字，它只是保障我们最基本的晚年生活，千万不要认为缴纳了社保就可以不用理财了。我国从上世纪八十年代初开始实行计划生育，至2016年初全面放开二胎，中间持续了三十多年。我国将面临日益严重的人口老龄化问题，可能于2050年前后达到顶峰。届时两个青年养四位老人，缴保费的人少，领保费的人多，社保的压力不言而喻。

【财务自由，心灵自由】

未来的时间还很长，谁也不知会发生些什么。社保得交，但并不是交了社保就完事了。我们管理好自己的财富，提前达到财务自由状态，何时退休也就没那么重要了。

五险一金中的“金”，指的是住房公积金。由于住房公积金可以税前扣缴，所以一些高收入单位给员工缴纳了很高标准的住房公积金。同社保一样，住房公积金也可以自行缴纳，这方便了自由职业者和个体工商户。

除了免税，住房公积金最大的优点就是贷款利率低，它相当于商业银行贷款基准利率的七折左右。2016年初，五年以上个人住房公积金

---

① 目前统筹账户跨省转移还不方便，但未来有望实现全国统筹。

贷款利率仅为3.25%，而现在许多银行理财产品的预期收益率都保持在4%左右。所以对即将买房的年轻人来说，住房公积金的重要性远超基本养老保险。反过来说，住房公积金最大的缺点就是结息利率低，仅相当于一年期定期存款基准利率[①]（2016年3月为1.5%）。

综上所述，对于住房公积金应当尽可能多交（免个人所得税），买房时想办法用公积金贷款（贷款利率低，划算），长期用不上的公积金可提前支取（结息利率也低，不划算）。例如，已用公积金贷款买房，而暂时无意购买二套房或不满足公积金二套房贷款条件，这种情况下我们完全没必要保留公积金余额，直接以还贷的名义提取即可。

【各地公积金差异】

除了最低首付比例、贷款利率是全国统一外，每个地方的公积金管理办法都不尽相同，主要涉及贷款条件、可贷额度及年限、跨市贷款办法（目前很少能跨省）、提取办法等。这些条款可以在当地住房公积金中心的官网上查询。

特别注意，如果近期有买房需求时，不要随意提取公积金。因为有些地市将可贷额度与月缴额、总缴额挂钩，提取公积金不利于贷款买房。还有规定上一次提取未满一定时间（如一年），不能用公积金贷款。

① 经国务院同意，中国人民银行、住房城乡建设部、财政部印发《关于完善职工住房公积金账户存款利率形成机制的通知》（银发〔2016〕43号），决定自2016年2月21日起，将职工住房公积金账户存款利率，由现行按照归集时间执行活期和三个月存款基准利率，调整为统一按一年期定期存款基准利率执行。

第十九章

黄金：既无法保值，也无法增值？

黄金崇拜

黄金自古以来就是财富和权力的象征，黄金的历史几乎与人类的文明史一样古老。几千年前的古埃及法老，就已经用黄金作为陪葬品。我国古代也对黄金极为追崇，从一掷千金、千金之躯、金屋藏娇等成语中可见一斑。那么为何世界各地、历朝历代都不约而同地看重黄金呢？

我认为主要原因有：（1）黄金的稀缺性。物以稀为贵，历史上黄金的储量和开采量一直都不多，因此它只被少数权贵所拥有，是一种身份的象征，可以拿来炫富。（2）黄金具有美丽的光泽。黄金要是长成丑八怪，估计权贵也不喜欢。而且黄金容易保存，不会生锈（被氧化）变成丑八怪。（3）良好的可锻性、延展性。黄金很容易加工成各种造型，雕龙绣凤，用以膜拜。

除此之外，黄金还在很长时间里作为货币流通。铜、铁等金属都曾作为货币流通，但它们的价值量太小，大额的货币需用金、银来制作。即使人类开始使用纸币后，也还有一段时间与黄金挂钩，这种方法被称为“金本位”。

把时光拉回到现代，黄金扮演的角色已经有所变化。黄金不再专属于王侯将相大财主，普通老百姓也买得起。大部分黄金作为首饰、投资品等被民间收藏，小部分作为外汇储备被各国央行收藏，还有一些分布于各类电子产品中。

金本位制度下的黄金

在 1973 年前，断断续续有一个多世纪的时间，黄金的价值很稳定，它充当了“货币锚”的角色。为了使普通老百姓更信任纸币，古人想出了货币与黄金挂钩的办法，即金本位。

最早出现的纸币是我国北宋年间的交子，早期的纸币可以兑换成金属货币。现代货币的金本位制度最早出现在英国（牛顿提出），这也奠定了当时英镑的国际地位。两次世界大战期间，金本位一度中断。1944年美国重拾金本位，推出“布雷顿森林货币体系”，即美元与黄金挂钩（35美元兑1盎司[①]黄金），其他货币与美元挂钩。布雷顿森林体系将美元推向霸主地位。尽管该体系1973年宣告解体，但时至今日美元依然是世界上最重要的货币之一。

在金属货币年代，由于金属的产量和存量都有限，因此政府不能随意发行货币。纸币问世以后，人类不得不面临通货膨胀这个难题[②]——因为纸币不存在原材料短缺的问题，它几乎可以无限量供应。短期内的社会总财富是固定的，所以纸币超发以后，每一份额纸币对应的财富量也就相应减少，这是造成通货膨胀的主要原因之一。

金本位制度的一个好处[③]，就是限制了政府发钞的冲动，保持币值稳定。如果纸币超发，民众对纸币的信任度降低（纸币变得不值钱），就会拿去兑换成黄金。央行库存黄金被民众不断兑出，压力之下便会控制货币发行量。

作为货币来说，不论黄金还是纸币，它本身并没有内在价值。一种货币之所以可以兑换其他商品，是因为我们人类社会赋予了它价值。而黄金与纸币（乃至后来的电子货币）的最大不同，就是它的供应量受自然条件限制。在金本位制度下，黄金与纸币之间相互牵制，被赋予相对稳定的价值量，因而黄金是保值的。

---

① 1盎司约等于28.35克。

② 金属货币年代，古时的统治阶级也曾用稀释（在金属上偷工减料）的手段制造通货膨胀。

③ 金本位也有缺点，它限制了货币政策的灵活性，不利于政府对经济进行宏观调控。

1973年布雷顿森林体系瓦解后，黄金与货币之间的兑换需求也随之结束，此后黄金作为一种商品而存在。那么它的价值又发生了哪些变化？

【黄金是一种商品】

市场经济条件下，商品的价格受供求关系影响，有涨有跌，黄金也不例外，只不过黄金的需求端比普通商品多了一个“投机性需求”而已。

黄金能保值增值吗？

黄金能否增值？我们先看看其他投资性金融产品：股票是上市公司股权的代表，上市公司通过经营产生利润，从而实现资产的增值；债券是将资金借出，借款人还款时需要支付利息，利息是债券实现增值的方式。股票也好，债券也罢，它们都是资本，资本通过运作的方式实现增值。同样，房地产也是一项资本，它可用于出租，租金是房东让渡房产（资本）后收到的回报。

如果只是持有黄金（不出借），那么它本身是无法实现增值的，不管十年还是百年，一克黄金始终是一克黄金，它不会凭空多出一丝一毫。对比来看，上市公司可以通过经营来获取利润，利润再投资从而扩大经营规模，如本来年产50万辆的汽车公司，生产线扩大后可年产100万辆。上市公司得以发展，与之对应的股票（上市公司的细胞）也同步增值。从这个角度理解，黄金谈不上增值。

然而，十年、百年间黄金的价格必然是上下波动的，甚至大趋势是往上走的，这难道不能说明它增值了吗？其实任何商品的价格都是波动的，白菜、猪肉的价格难道就不是波动的吗？长期看它们的大趋势也是往上走的——与其说是黄金增值了，倒不如说是货币贬值了。即便黄金价格上涨速度高于通货膨胀，也不能说明什么。一种商品价格涨得比其他商品快，这种情况再常见不过了。近几年水果的价格上涨很快，难道说水果也增值了吗？

有人会说：就算黄金不能增值，那保值总能做到吧？但是很遗憾，这一点它也无法做到，主要原因是由于黄金交易中夹杂了大量的投机力量！

虽然货币可能超发，但一件商品始终是一件商品，商品的内在价值与货币的发行量无关。从这点看，凡是易保存的商品都有保值的功能，但这还得视乎生产该种商品的劳动生产率是否变化。比如 IT 制造业的劳动生产率提高很快，所以即使在通胀条件下，电子产品的价格也还是下降的。一件商品的劳动生产率提高，会使得这件商品的供应量增加，并通过供求关系影响价格（供过于求则价格下降）。古时候开采能力弱，所以黄金只有王孙贵族大财主才能拥有。而现在社会哪怕是普通小青年举行婚礼，也能佩戴一两件金饰——近五十年的黄金开采量比前五千年还多。未来黄金这件商品的价值，必然会受到开采量、开采成本、新探明储量的制约，这些因素均作用于黄金的供应端。

由于近些年黄金的开采能力、矿质条件都没有太大变化，所以从这点看，黄金作为一种易保存的商品，确实是可以起到保值的作用。但自从投机力量加入到黄金交易中后，又改变了这一事实。在金本位制度的年代，投机力量很少过问黄金。例如布林顿森林体系下，人们可以从美国政府那里以 35 美金的价格兑换 1 盎司黄金，这个价格很稳定，没有哪个傻瓜会愿意从炒家那里高价买进。金本位制度退出历史舞台后，黄金的价格失去了估值锚，变得像股市一样“阴晴不定”①，被投机力量推着走。当投机力量认为金价未来会上涨，它们就会买入黄金，从而推

① 但股票可以增值，黄金不能。

高金价。反之它们卖出黄金，进而打压金价。投机力量介入后，黄金的价格经常大幅偏离其内在价值。

世界最大的伦敦黄金交易所，来自世界各地的投行、游资都能在此交易。其他国家也有类似的交易所，我国为上海黄金交易所。除此之外，黄金还有期货市场，期货的价格也会影响现货。市场中的买家和卖家都觉得自己是精明的，可以在趋势运动中赚到钱。但实际上，交易中一笔买进就对应了一笔卖出，有人赚钱就有人赔钱。他们交易着黄金，但他们并不需要黄金，他们需要的只是盈利。正是这些过于频繁的交易，使得黄金价格极度不稳定，丧失了应有的保值功能。

黄金价格的牛熊周期非常长，以至于处于周期中的人意识不到周期。黄金牛市中，人们总以为金价只涨不跌，这时会有许多论调支持金价继续上涨，最常见的一条是“黄金资源是有限的”。然而事实真的是这样吗?

1973 年布雷顿森林体系结束后，金价从金本位制规定的 35 美元/盎司逐步上扬至 1980 年的 850 美元/盎司左右，走出一波约十年的大牛市。但在这之后，金价逐步下跌，迎来一波约二十年的大熊市，直到 1999 年才创下约 256 美元/盎司的新低。此后，黄金开始走出一波长达十年的牛市，至 2011 年 9 月 6 日的最高价——1920.80 美元/盎司，接着金价又开始逐步下跌。截至 2016 年 1 月，黄金价格在 1060 至 1120 美元/盎司之间徘徊，距离最高价几乎腰斩。

【思考】

黄金价格如此大幅波动，您还认为黄金是保值增值的吗？您都在哪些地方听说“黄金可以保值增值”？是朋友、金饰店、银行大堂经理，还是其他的理财书籍？

影响金价的因素有哪些?

毫无疑问，黄金价格最终还是由供求状况决定，但具体来说，又有许多因素能影响到黄金的供求。如果要我预测未来黄金的价格走势，我只能说“不知道”，因此我也无法教给你“绝招”。

黄金价格是全球性的。在开放的国家和地区，金价的差异不会超过其运费，否则就会有套利资金介入并拉平差价。黄金定价由全球的交易者共同完成，其价格走势根本无法持续准确预测，否则很快就会有人依此成为世界首富。

【无法预测】

前面我们提到，无法预测股市就不要去预测。同样，既然无法预测金价，就不要试图预测。

同一时间，在世界的各个角落，众多不同因素同时作用于金价。问题是你能否知道所有的事情？各个影响因素如何去定量分析？它们之间相互抵消后，究竟哪一方占优势？

身家上百亿美元的对冲基金巨鳄约翰·保尔森，曾经预测到次贷危机，提前做空并赚得盆满钵满。但他随后在做多黄金的过程中，却又亏得头晕脑胀。投资巨鳄尚且如此，更别提普通老百姓了。

我们经常听说黄金具有避险功能。所以一旦地缘政治局势紧张（战争），或者金融危机时股票、房地产等崩盘，此时黄金的价格趋向于上涨。因为资本是逐利的，它们躲到黄金这里来避险，从而推高了金价。这个说法是没问题的，这种避险情绪更多是交易者心理上的影响，但它确实能改变供求双方的力量。反过来说，世界经济繁荣时，人们安居乐业，手头上宽裕，因此更倾向于投资和消费黄金，这种说法也是能占住脚的。坏情况需要避险，好情况则乐于消费，不管好坏都能推高金价——但很明显，金价不会只涨不跌。

我们也常听说，“美元走强使得黄金价格走弱。”这一点理解起来并不容易，对于美国来说确实是美元强势则金价弱势，但对于其他国家来说，美元强势时不只黄金弱势，其他币种也会显得相对弱势。以美元计价的金价在下跌，但汇率变化使美元外的币种相对贬值。两者都弱，到底哪个更弱？所以这个问题要换个角度来思考，实际上各国央行都储存了一些黄金作为外汇储备；同时各国央行还会储存一些主要国家的货币作外汇储备，如我国的外汇储备中就有超过 3 万亿的美元资产。在所有这些外汇储备中，任何一个品种走强都会挤压其他品种（包括黄金）。时至今日美元仍然是世界最重要的货币，美元作为外汇储备的体量也是最大的，所以美元的强弱对金价的影响最明显。

这里还要提醒一个常见误区。经常听人说，黄金价格已经低于开采成本，某某黄金矿业公司已经亏损，赶紧抄底。首先，黄金价格是全球性的，各个金矿取得采矿权的初始成本不同，而且由于地质条件、人工成本不同，开采成本也不尽相同。其次，目前全球每年黄金的开采量约 3000 吨，而世界黄金总量约 15 万吨，前者约为后者的 2%，即便全世界的金矿都亏损并停产了①，也不一定能够阻止金价继续下跌。所以，矿产公司亏损并不构成做多黄金的充分理由，千万别因此而押上全部身家。

还有许多因素可能影响金价，如油价、股市、利率、通胀等。它们除了影响金价，相互之间又产生影响。B 因素受 A 因素影响后，又有可能反向影响金价。

---

① 成本分为固定成本和浮动成本，固定成本多为沉没成本，如已经花费的采矿权、机械设备等。只有当金价低于矿产公司的浮动成本时，它才会停止生产。

【事件驱动金价?】

有时一个正面事件发生后，金价反而下跌了。过后某个犄角旮旯里的另一个事件就会被扯出来，用以解释“金价为什么下跌”，这时不明真相的群众常常拍脑袋——哦，原来是这样！

为何说奢侈品首选黄金?

我们可以在金器店购买投资金条，也可以在银行购买纸黄金或实物金条，甚至可以通过上海黄金交易所、期货公司、黄金 ETF 基金进行黄金交易。但其实最值当的，还是黄金饰品。

我提出这个观点，你肯定会觉得奇怪！黄金饰品得在金价基础上多加一个加工费，价格更贵，怎么可能最值当呢？话分两头讲，这个“值当”得看跟谁比。

从投资角度看，黄金作为一款金融产品，投资性不足，投机性有余。为何不选择其他稳定性、投资性更强的金融产品呢？但回过身看，黄金做成饰品以后，还具有消费属性，这是其他投资渠道所不具备的。**如果要在奢侈性消费品里做选择，建议将黄金饰品作为首选项**。

常见的黄金饰品有项链、手镯、耳环等，偏年轻款的还有各种样式的卡通吊坠等，黄金饰品的选择面很宽。纯黄金的价格很透明，可以在上海黄金交易所的官网查到，金店首饰的金价会略高，此外还可能附加一个加工费。加工费只是一个幌子（真实的加工费非常低），这些附加费用主要是补偿金店的运营支出。黄金饰品可能是所有奢侈品里加价比例最低的，它的利润率非常低，主要是因为黄金这种元素本身不具备差异化，而且价格非常透明。

黄金饰品与其他奢侈品比较，最大的优点就是折旧慢、变现能力强。黄金饰品不容易变旧，在许多金店只需加少许价格（甚至免费）

就能更换款式。退一万步说，我们也可以很方便地按纯金价（可能略有折扣）变现。购买黄金饰品，你也不需要很深的鉴别能力，选择大品牌的金器店就不怕买到假货。反观名牌包包等其他奢侈品，只要是二手货，哪怕是九成新，价值也立马打对折。它们在使用过程中逐步磨损变旧，最后可能一文不值。而许多宝石、玉器等奢侈品，虽不容易磨损，但需要购买者很深的鉴别能力，而且不容易变现。

最后，黄金饰品还有一个好处，就是它会和汞（水银）发生反应，变成银白色（高温后可恢复金黄色）。如果女士朋友的金饰渐渐发灰发白，要么金饰是假货，要么化妆品里含汞（对身体有害）。

【小知识】

许多金店也兼营宝石、玉器等首饰。购买黄金饰品时，工作人员常常“热心”地向你推荐其他类型的首饰。一般人不清楚这些首饰的真实价值，鉴别能力较弱。而且这类首饰的加价率（毛利率）很高，即进货批发价和零售价的差距很大。你以较高的零售价买入，日后变现却往往要低于商家的进货批发价，中间存在大比例折损。

第二十章

理财，慢即是快

在正确的方向上慢行

“要是我中了500万彩票就好了”“如果我是亿万富翁就好了”，是不是总有那么一个时刻，我们或多或少这样想过？我在阅读精彩的武侠小说时，也时常想着自己就是绝世大侠，浪荡不羁，行侠仗义。其实这些都再正常不过，都是我们对美好事物的欲望罢了。

遗憾的是，并非所有人都能实现自己的梦想，这或许已经是大自然的法则，就像猴群里不能有两个首领。在特定的时间内，社会总财富是有限的，如果人人都是富翁，也就无所谓“富”了。

人一生只有一次；重视时间的价值；提高劳动报酬率；收入减去开支等于节余（加减法）；节余的部分进行财富管理（指数运算）；各类资产的期限、风险、收益……本书已经接近尾声，却仍没有指出一条快速致富的方法。不仅如此，我还要加一句：别急，再慢一点！

我们无法通过投资理财来实现一夜暴富。要取得事业上的成功不容易，完全没有捷径——即使你猛攻“成功学”，也只是给自己打打鸡血罢了。事业上的成功只是打造好财富蓄水池的进水管，当进水管大于出水管时，才能积累和管理财富。**财富管理的前提是，你得有节余下来的可供管理的财富，这是第一步。**第一步尚且只能慢慢来，更不用说后面的路。

我父亲同事的一位亲戚，几年前疯狂地迷上了彩票。一般人买彩票也就用点喝茶钱，但他居然从各种渠道借了二十多万，仅仅只是买彩票！二十多万说多不多，说少也不少，在当时当地的县城相当于一套小户型住宅（普通人的工资也才两千元出头）。说实话，我当时很难理解这种复杂的心态。

各类彩票的返奖率在50%～70%，也就是说每投入2元，最后只有

1 元至 1.4 元投入了奖池，其他则分配给了分销渠道，以及慈善或体育事业等。即便中得头奖，还需缴纳 20% 的个人所得税——这从概率上讲完全是负和游戏①，难怪有人将买彩票称作是“穷人税”。

对投资理财来说，关键不是要快，而是要一直朝着正确的方向行走。许多人怀着一夜暴富的梦想，却迎来两种悲惨的结局：一种是一夜暴穷，另一种是一夜暴富后再一夜暴穷。

为何有人一夜返穷?

许多人勤勤恳恳劳作一生才有所积蓄，但却在财富管理上铩羽而归——要么在股市、期货等金融市场损失惨重，要么被骗子设局血本无归②，甚至还有沉迷赌博一发不可收拾的。仔细观察你会发现，他们都有一些共同点。

在财富蓄水池公式里，不论是左侧的加减法，还是右侧的指数运算，都无法实现一夜暴富。像这样慢慢积累财富实在太累太辛苦，心中难以获得满足感。人们对财富的渴望越强烈，这种苦行僧似的修行就越让人难忍。

为何有人沉迷于赌局之中无法自拔？因为赌局可以快速地实现财富转移。这种快速转移财富的游戏还具备随机性、不可预测性，每一次“决战”都充满了新鲜感，其刺激性远胜于慢慢积累财富（无聊）。赌徒赢了钱还想继续赢，输了钱就想着扳本，这种兴奋反复刺激着人的神经，让人上瘾——尽管赌博是一场零和甚至负和游戏，但几乎每一个局内人都认为自己会成为赢家。这种快感在股市、期货、外汇等许多投资

---

① 源于博弈论。零和游戏指有人赢就有人输，输赢加总后为零，如一桌人打麻将。负和游戏则指所有输赢加总后为负数，总体来说是得不偿失的，如一桌人打麻将还得交场租费。

② 许多骗局就是利用了人性的贪婪和愚蠢，用“短期内赚一笔大的”作为诱饵。

品（投机品）中也同样存在。

我们来看一个例子，假设赌场中的某种游戏机，赢了本金可以翻倍，输了则全部赔光，且输赢概率各占一半。仔细分析这其实刚好是一个零和游戏，因为你赢双倍的时候等于对手（机器）赔光，反之亦然。我们知道零和游戏中没有摩擦成本，利益随机分配，长期玩下去等于不赢不输。但我们把人性的成分加进去，却又是另一回事了。假设小邱玩了几把，大多数时候他都能赢。于是他很快就会觉得来钱的速度太慢了，而且很自信地认为自己找到了游戏中的“规律”。如果小邱有急于求财的心理（慢慢积累财富很无聊），小赌注对神经的刺激就显得不够，一颗浮躁的心总也按捺不住。随着自信心的膨胀，小邱的赌注会越来越大[①]。**如果小邱把全部赌注都押上，在100把游戏里，哪怕99把都是赢的，只要有一把输了，他也会变得一无所有。**

【欲速则不达】

这还只是零和游戏的例子，如果是加入了摩擦成本的负和游戏，小邱落败的速度会更快。对待财富的心情越是焦急，越是求快，结果却是适得其反。

证监会数据显示，2016年1月21日，中国的股民正式突破1亿人。每每我身边的人谈起股市，总是把涨停板挂在嘴边。如果你提出20%左右的长期投资收益率（复合年化），他们根本瞧不上眼。约翰·涅夫在1964年至1995年近30年的时间里仅获得13.7%的复合年化收益率，已经算得上一代投资大师，而实际上巴菲特的复合年化收益率也才20%出头[②]。

许多人进入股市或重新关注股市都是受“赚钱效应”影响。牛市

① 其实所有赌桌上的人都会觉得自己的赢面很大，不然他就不会出现在那个位置。

② 达到或超过这个复合年化收益率的人很多，但能坚持近60年的只有巴菲特一人。

中期，许多赚到钱的股民按捺不住自己的兴奋，眉飞色舞地向亲戚朋友传播“正能量”，当然新闻媒体也起到推波助澜的作用。随着一波波新股民前仆后继地涌来，一轮大牛市如火如荼地升起。每一次下跌，最后都会收复失地；每一个看空的声音，都会被大家骂得体无完肤①。慢慢地，市场上没有人相信股市还会下跌，参与者的注码（仓位）也会越押越大，甚至借钱买股票（不然来钱太慢）。之前牛市中每一次下跌，都有人喊“狼来了”，而狼真的来了却已经没有人相信了。大部分人都会被套在牛市顶部的左右两侧，这也刚好是股市关注度最高、成交量最大的阶段。人们一开始期待股市在回调后会上涨到更高的位置；希望一次次落空后，又觉得股票只要捂着不卖就不算真亏。人们在熊市中慢慢熬着，他们每天都忍不住要看盘，每次下跌都让人很痛苦，要减轻这种痛苦就只能认输出局。但股市有时就是戏弄人，黎明前的黑暗最难熬，等到大多数人都认输时，熊市往往也走到了尽头——继续重复着上一轮的牛熊故事。

2015 年中，A 股市场的股灾 1.0、股灾 2.0，让许多融资配资②的中产阶层快速爆仓，损失数百万元，没有一夜暴富反而一夜致贫。也有许多老人家将大半生的积蓄投了进去，结果血本无归。股市中人们更关注跳动的股价，**它代表着财富的快速转移，这种感官刺激更能让人兴奋。很少有人愿意把股票看作上市公司的细胞**——只要上市公司发展向好，它的股价必然会在涨涨跌跌中逐级抬升，给投资人回报。因为上市公司的净资产回报率（ROE）很难高过 30%，能超过 20% 已经很不错，所以长期看股票投资能获得超过 20% 的复合回报率，已经是一件很了不起的事。

---

① 耽误了大家赚钱的大事，当然该骂！在牛市中（特别是后期的疯牛），如果某人喊跌且股市真跌了，那他就是导致股市下跌的罪魁祸首，必须以唾沫淹之。

② 即借钱炒股，上杠杆炒股，这会放大投资人的收益和损失。

【伟大的复利】

如果现在投入10万元，此后能保持20%的复合回报率50年，那么50年后这笔资金的终值是9.1亿元。走在正确的投资理财路上，时间会成为我们的帮手——时间越长我们的帮手越多。想要靠投资理财一夜暴富，帮手实在太少，很难打赢这场仗。

为何许多人一夜暴富后又重新返贫？

不排除一些幸运儿，机缘巧合真就一夜暴富了，如中了彩票大奖。遗憾的是，他们之中大多数都无法守住这笔财富，不久后又重新返贫。

常言道，“打江山易，守江山难”，但很少有开国皇帝把江山丢了的。反观各朝代的末代皇帝，江山从祖辈那里继承而来，没有经历过打江山的艰难，因而不懂得珍惜，故称“守江山难”。同样的道理，突然一大笔意外之财光顾，来得太容易反而让人不懂得珍惜。我们日常生活中的财富蓄水池，进水管慢慢灌水（收入），出水管慢慢放水（开支），此外蓄水池中的财富通过投资（指数运算）而增值。对比之下，一笔意外之财出现，就好像蓄水池被洪水淹溉，池底承受不住，被冲得七零八落，稀里哗啦。

大肆花钱的习惯一旦养成，就很难再收敛。许多人中了大奖，很快将其挥霍一空。此时他们无法适应之前辛勤劳作的苦日子，所以生活状况反而会更差。还曾有人中了千万大奖，又把奖金继续拿去买彩票，最后还把房、车卖了，欠债两百多万。也有人在期货上搏杀出亿万身家，却仍然想着赚更多，把全副身家押上，结果一两天就破产了（类似小邱玩的游戏）。在这种大起大落之下，挺不过心理关的人甚至选择了自杀。

注意保持收入大于支出，管理好节余部分的财富，让其保值增值，让钱生钱，财富蓄水池就是这么简单。

警惕金字塔骗局

庞氏骗局，也称“金字塔骗局”，得名于查尔斯·庞兹。1919年，庞兹声称自己有一条发财的好路子，通过倒卖其他国家的邮政票据可以获取暴利，于是他向公众募资，并承诺在45至90天内给予50%至100%的利润回报。但实际上，庞兹只是用从新投资人那里刚收到的钱，付给前面的投资人。

由于最开始的一批人确实拿到了“高额回报”，赚钱效应得以广为传播，这使得庞兹的“生意”越做越大，规模最大时达到1500万美元[①]。但是庞氏“生意”的最终结局只能是“一地鸡毛”。一方面，它并没有真的投资回报，只是“拆后墙补前墙”。由于许诺了高额回报，所以必须有越来越多的“后墙”，才能补得好“前墙”，就好像金字塔一样。一旦某天“傻瓜”不够用，庞兹的金字塔支付体系便轰然倒塌。另一方面，庞兹的“生意”只是一场骗局，这一点他本人从开始就知道。所以庞兹自己得赶在东窗事发前大肆挥霍，这无疑是在庞氏的金字塔上掏了一个大窟窿，骗局加速败露。

最后的结局自然是投资人的钱打了水漂，而庞兹也锒铛入狱。然而一百年来，这种“拆后墙补前墙”的手法却并没有消失。拿最近的来说，美国的麦道夫[②]甚至欺骗了整个华尔街，涉案金额600多亿美元；

---

① 一百年前的1500万美元可是很值钱的。

② 麦道夫从不解释投资策略，如果客户问得太多，他会拒绝接受你的投资。麦道夫曾吹嘘：“我在上涨的市场中赚钱，下跌的市场中也赚钱，只有缺乏波动的市场才会让我无计可施。”麦道夫的投资客户只面向金字塔塔尖人士，并且是“非请勿入”的会员邀请制。要成为会员，必须有这些塔尖人士的介绍，这显得格调很高且机会难得。麦道夫给出的回报率尚在合理范围，约8%至12%，这使得骗局不容易被揭穿，它维持了近20年的时间，直到2008年底被其儿子告发。

2016 年 1 月，我国警方公布 e 租宝非法集资 500 多亿元，其中 95% 的 P2P 项目只是空壳，资金绕了一圈又回来了，用于支付前面投资人的利息。

类似此类依靠资金支撑起来的金字塔还有很多，随处可见。比如传销、高利贷，甚至某些资产泡沫①。它们有一个共同点，就是必须像金字塔一样层层垒下去。这种关系一旦在某个层级断裂，便是曲终人散。

就历年 A 股的统计数据来看，上市公司的净资产收益率在 10% ~ 15%。由于上市的大多是优质企业，所以全社会的资本回报率应当低于此。长期超过 20% 的收益率是不可持续的，坚持 20 年可称得上是世界级的投资大师。

如果你碰到某个投资项目，可以带来高额投资回报，却又毫无风险，那么请打起十二分精神，这可能就是庞氏骗局。如果销售员衣着光鲜亮丽，推销产品像做演讲一样打了鸡血，老是堆砌例如李阿姨、王叔叔已经赚到钱的“案例”，产生高额收益源自于说不太清楚的“神秘力量”，那么请打起一百二十分精神，这几乎可以确定就是庞氏骗局。各个时代都有新事物，庞兹那个年代是国际邮票，2007 年前有“万亩大造林”，现在还有各式各样的“金融创新”“互联网金融”等。面对一些高回报、低风险的投资项目，试想一下，这样的“好机会”为何会落到自己手上?

【提醒】

少一份贪婪，多一份清醒。投资理财慢即是快，慢慢买资产，慢慢钱生钱。

① 常见的有股市、房地产泡沫。当资产的价格大幅高于其投资价值后即产生泡沫，此时必须有源源不断的新“傻瓜”来接盘才能维持泡沫，就像击鼓传花。

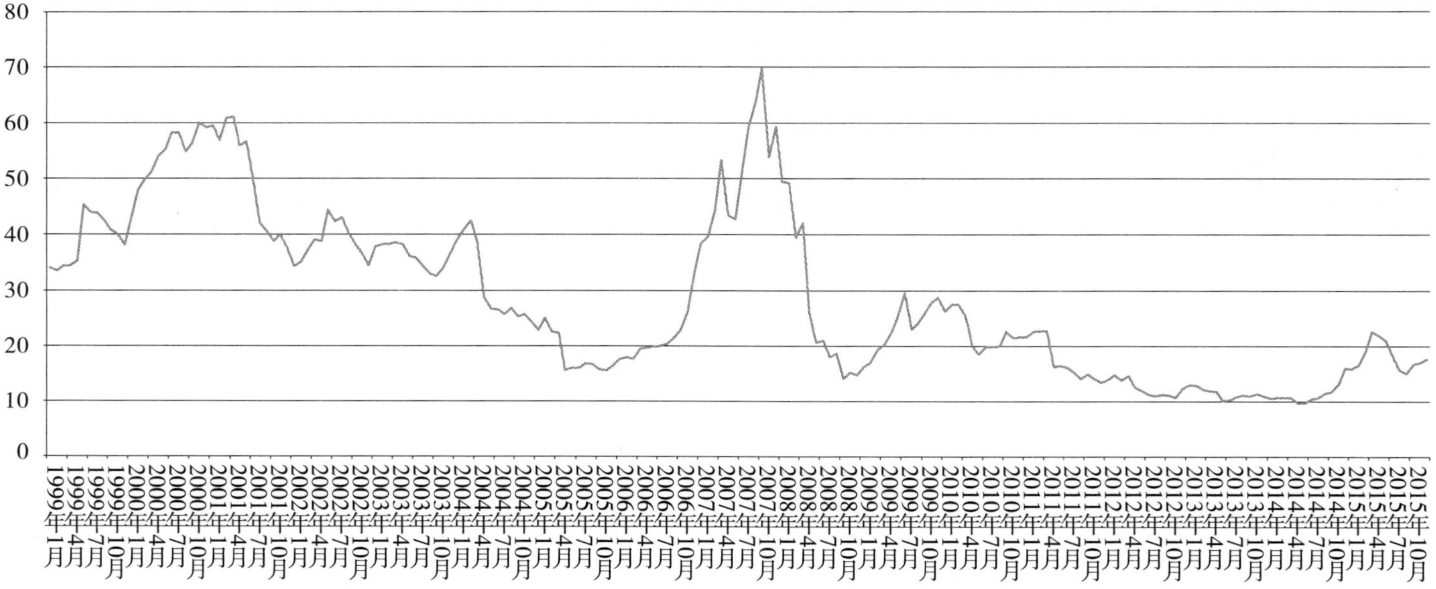

80
70
60
50
40
30
20
10
0
1999年1月
1999年4月
1999年7月
1999年10月
2000年1月
2000年4月
2000年7月
2000年10月
2001年1月
2001年4月
2001年7月
2001年10月
2002年1月
2002年4月
2002年7月
2002年10月
2003年1月
2003年4月
2003年7月
2003年10月
2004年1月
2004年4月
2004年7月
2004年10月
2005年1月
2005年4月
2005年7月
2005年10月
2006年1月
2006年4月
2006年7月
2006年10月
2007年1月
2007年4月
2007年7月
2007年10月
2008年1月
2008年4月
2008年7月
2008年10月
2009年1月
2009年4月
2009年7月
2009年10月
2010年1月
2010年4月
2010年7月
2010年10月
2011年1月
2011年4月
2011年7月
2011年10月
2012年1月
2012年4月
2012年7月
2012年10月
2013年1月
2013年4月
2013年7月
2013年10月
2014年1月
2014年4月
2014年7月
2014年10月
2015年1月
2015年4月
2015年7月
2015年10月
上证指数市盈率

附表1　上证指数市盈率

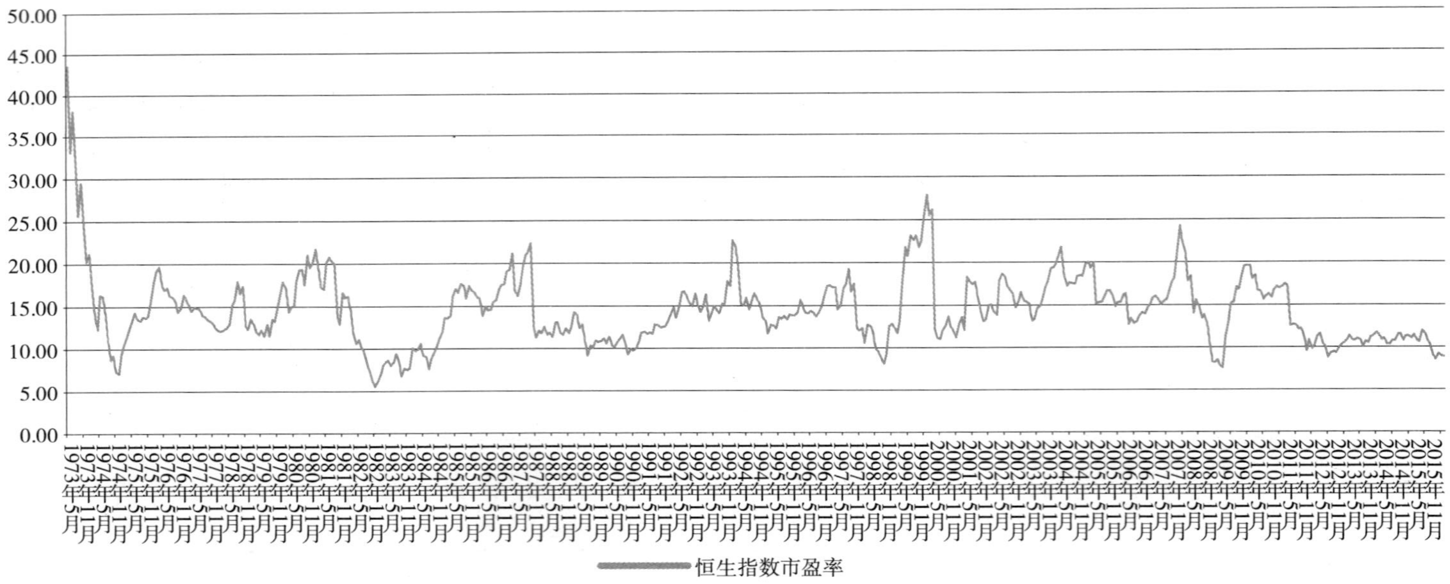

附表2　恒生证指数市盈率